日本語カートグラフィー序説

Introduction to the cartography of Japanese syntactic structures
Yoshio Endo

遠藤喜雄

目　次

はしがき ... 1

第1章　基礎的背景：カートグラフィーと生成文法 ... 7

1.0. はじめに ... 8
1.1. 言葉：コミュニケーション／考える道具 ... 8
1.2. 言葉の2つの側面：知識と運用 ... 9
1.3. 言葉の特徴：2重分節 ... 9
1.4. 言葉の知識：脳に存在する知識 ... 10
1.5. 言葉のルール＝推論？ ... 11
1.6. 言葉の知識の中心：構造 ... 12
1.7. 構造の作り方：併合（Merge） ... 14
1.8. 音と文と意味の自立性 ... 16
1.9. 統語部門（Ⅰ）：文の作り方 ... 19
1.10. 統語部門（Ⅱ）：無限の文 ... 22
1.11. 統語部門（Ⅲ）：文の階層 ... 23
1.12. 統語部門（Ⅳ）：意味役割 ... 28
1.13. 統語部門（Ⅴ）：移動（スコープと談話の意味） ... 30
1.14. 統語部門（Ⅵ）：連鎖 ... 36
1.15. 生成文法とは：まとめに変えて ... 39

第2章　カートグラフィーの基本的な考え方 ... 41

2.0. はじめに ... 42
2.1. ミニマリズムとカートグラフィー（1）：音 ... 42
2.2. ミニマリズムとカートグラフィー（2）：意味 ... 44

2.3. 経済性　　　　　　　　　　　　　　　　　　　51
　　2.4. 経済性とインターフェイス　　　　　　　　　　55
　　2.5. 言語の多様性と言語習得　　　　　　　　　　　56
　　2.6. 文の外側　　　　　　　　　　　　　　　　　　61

第 3 章　日本語の単文構造　　　　　　　　　　　　65

　　3.0. はじめに　　　　　　　　　　　　　　　　　　66
　　3.1. 日本語の文の構造　　　　　　　　　　　　　　66
　　3.2. 動詞句の階層　　　　　　　　　　　　　　　　69
　　3.3. 使役の階層　　　　　　　　　　　　　　　　　69
　　3.4. ボイスの階層　　　　　　　　　　　　　　　　75
　　　　コラム：受益の階層（視点）　　　　　　　　　80
　　3.5. アスペクトの階層　　　　　　　　　　　　　　83
　　3.6.「に」の階層　　　　　　　　　　　　　　　　　90
　　　　コラム：人称制限　　　　　　　　　　　　　110
　　3.7. 丁寧の階層　　　　　　　　　　　　　　　　112
　　3.8. 否定の階層　　　　　　　　　　　　　　　　113
　　3.9. テンスの階層　　　　　　　　　　　　　　　118
　　　　コラム：現象文　　　　　　　　　　　　　　121
　　3.10. 主語の階層　　　　　　　　　　　　　　　　122
　　3.11.「が」格の統語的性質　　　　　　　　　　　132
　　3.12. 主語の省略　　　　　　　　　　　　　　　　134
　　3.13.「に」格を伴う主語　　　　　　　　　　　　136
　　　　コラム：命令の階層　　　　　　　　　　　　139
　　3.14. 定形の階層　　　　　　　　　　　　　　　　140

第 4 章　日本語の単文構造　談話・語用論編　　　143

　　4.0. はじめに　　　　　　　　　　　　　　　　　144
　　4.1. ムードの階層　　　　　　　　　　　　　　　144
　　　　コラム：右方転移　　　　　　　　　　　　　161
　　　　コラム：局所性（相対最小性）　　　　　　　165

4.2. 情報のフォーカス　　　　　　　　　　　　　　170
　　4.3. 否定とフォーカス／トピック　　　　　　　　172
　　4.4. トピック　　　　　　　　　　　　　　　　　175
　　4.5. 対比のフォーカス　　　　　　　　　　　　　180

第5章　日本語の複文構造　　　　　　　　　　　　185
　　5.0. はじめに　　　　　　　　　　　　　　　　　186
　　5.1. 談話領域の分化　　　　　　　　　　　　　　186
　　5.2. 名詞の補文　　　　　　　　　　　　　　　　191
　　　　コラム：名詞修飾節　　　　　　　　　　　　197
　　　　コラム：主要部内在型の関係詞節　　　　　　198
　　5.3. 副詞と副詞節　　　　　　　　　　　　　　　199
　　5.4. 副詞節とフォーカス（1）　　　　　　　　　210
　　5.5. 副詞節とフォーカス（2）　　　　　　　　　213
　　　　コラム：条件節　　　　　　　　　　　　　　219

あとがき：カートグラフィーとは　　　　　　　　　225

参考文献　　　　　　　　　　　　　　　　　　　　231

索引　　　　　　　　　　　　　　　　　　　　　　237

はしがき

　近年、言語学で注目を浴びている研究分野として、カートグラフィー研究がある。この研究分野で、修士論文(特に日本語に軸足をおいたもの)を書きたいという学生の指南となる本がない。そこで、本書では、そのような指南となる書物を書いてみた。ここで想定されている読者は、次のような方々である。気合いの入った卒論やレポートを書こうとしている学部生や大学院の修士の学生が、ある機会でカートグラフィー研究の話を聞いて、興味を持った。その枠組みで卒業論文や修士論文を書こうと思った。しかし、カートグラフィー研究の詳細な知識は持ち合わせていない。それどころか、生成文法や言語学についても、学部の入門で少し齧った程度。日本語や英語など1つの言語を体系的に勉強したこともない。こんな学生が、言語学をゼロから見直して、カートグラフィー研究で論文を書く下地を身につけ、論文のテーマ選びをする助けとなるような本、そんな本を書いてみた。

　まずは、カートグラフィーとは何かを述べよう。カートグラフィーとは、the cartograohy of syntactic structures の略で、直訳すると、統語構造の地図という意味になる。これは、1990年代の中頃に Guglielmo Cinque と Luigi Rizzi が共同で開始した研究計画である。この研究の目標は、普遍的な文の構造(syntactic structures)を地図(cartography)のように詳しく記述する点にある。この普遍的な統語構造は、言語の骨組みになる機能語を中心にして、その階層構造を提示している。日本語や英語といった個別の言語は、人間が生まれた時に持っている言語のひな形とも言える初期状態の普遍文法に、個別文法独自のいわば手が加えられた形をしている。カートグラフィー研究

では、様々な言語を手がかりにして、文の機能語の階層性に見る普遍性を明らかにすることにより、生まれた時に赤ん坊が頭の中に持つ初期状態を再現しようとするいわば個別文法を初期化する試みである。この新しい視点は、日本人のみならず外国人が日本語の文の構造を世界の言語の中で大局的に見る際にも、役に立つもので、現在の国際社会で求められているシームレスなコミュニケーションを考える際にも役立つものである。実際に、カートグラフィー研究は、比較統語論や類型論の分野で既に多くの実り豊かな研究成果をもたらしている。さらに、カートグラフィー研究は、従来の生成文法では射程に入ることがなかった談話や語用や現実的なイントネーションの発話などの視点をも組み込みながら、大きくうねりをあげて発展している。

　次に、カートグラフィー研究の言語学における位置付けを見よう。カートグラフィー研究は、生成文法の一理論である。しかし、カートグラフィー研究では豊かな統語表示が使用されるため、最近チョムスキーが中心に開発中のミニマリズムで想定されている簡素化された統語表示とは整合しないように考えられることがある。しかし、これは間違いである。これら2つの研究計画は、共に共通した生成文法の基盤の上に立っている。

　そこで、まずは、生成文法やカートグラフィーの基礎そしてカートグラフィーとミニマリズムの関係について、第1章と第2章でゼロから解説した。次に第3章以降では、カートグラフィーの視点から、文の階層的な構造に焦点を当てて、日本語の文の詳細な構造を提示した。そこでは、日本語学の研究を理論的に洗練して、積極的に取り入れた。日本語学の研究をそのまま使わずに、理論的に洗練したのには理由がある。筆者自身の経験から、日本語学の研究をそのまま海外の学会で紹介しても、理解されることは難しい。それは、日本語学の研究の多くが、あまり厳密な定義を用いていなかったり（定義したとしても、海外の人には分かりにくい論理での定義になっていることが多い）、自分なりの用語で論を展開していることが多いためである。そこで、本書では、日本語の文が作られる仕組みについて、日本語学の視点を取り入れて、海外でも理解される枠組みで示した。いわば世界標準の日本語の文構造である。（これは、Endo 2012b）として英語でも発表されて

いる。)

　レポートや論文を書こうと思う読者のトピック選びに一番役に立つのが、第3章以降である。第3章では、日本語の文の様々な要素の性質を、情報構造や語用論の話題も盛り込みながらカートグラフィー研究の視点から書いた。これは、カートグラフィー研究により、これらの話題が生成文法でも扱えるようになった強みを示すためである。さまざまな話題を取り上げたので、論文の題目を選ぶ際の参考にしていただきたい。次に、第4章では、単文に焦点を当てながら、いくつかの構文を考察した。ここでも、優れた日本語の研究成果のうちで、カートグラフィー研究に貢献できそうなものを積極的に取り入れた。特に、従来の生成文法の枠組みでは、抜け落ちておりカートグラフィー研究によりはじめて扱うことが可能になった点も述べた。第5章では、同じ趣旨で、複文に関わる構文を中心に書いた。

　それぞれの章では、未解決の問題も書いてあるので、レポートや論文を書く際の参考にしていただきたい。また、内容を分かりやすくすることを優先して書いたために、詰めの甘い部分も含まれている。読者の方には、自由に突っ込んでいただき、自分の論文で批判していただくことでカートグラフィー研究で論文を書く際の練習としていただければ幸いである。

　本書では、全体を通じて、現在の学会の進展状況で、どこまでが解明されており、何が未解決の問題かをできる限り書いてみた。そして、コラムの欄を設けて、カートグラフィー研究で課題を選ぶ際に、参考になると思われる話題にも触れた。

　本書の各々の節は、かなり詳しい内容から、かなり表面的な内容までが混在している。これは、著者自身がジュネーブ大学で執筆した博士論文（Endo 2006）で深く掘り下げた話題やその修正版（Endo 2007）と、それ以降に研究を始め今だ研究途中の話題が混在しているためである。読者の方には、それに反論したり、持論を展開するきっかけとしていただきたい。

　本書は、日本人が最も馴染みのある日本語に軸足をおいて書いた。しかし、各節では、日本語以外の言語にもある程度は言及した。これは、カートグラフィー研究がヨーロッパ生まれであるため、日本語以外の言語の話題が

様々な言語を交えて議論されることが多いためである。その中でも、本書では、日本語と同列に扱える外国語の現象を厳選した。論文を書く際には、英語や日本語等の1つの特定の言語だけを題材にして論文を書くことは、もちろん可能である。しかし、自分の母語が、世界の言語の体系の中でどのような特徴を持つかというマクロな視点を持っておくことも、同時に重要である。実際、国際会議での発表は、そのような形式の方が理解されやすい。そして、このようなマクロな類型論的視点は、カートグラフィーの得意とするところであるので、読者の方で、あまりそのような視点から日本語を見たことがない方は、これを機会にマクロな視点で言語を見る面白さを感じ取っていただければ幸いである。

　最後に、カートグラフィー研究の参考書を手短に述べる。カートグラフィーは、1990年代にヨーロッパで生まれた生成文法の新しい手法である。そのため、その一連の研究論文は、ヨーロッパ発のものが多い。例えば、Oxford University Press の The Cartography of Syntactic Structures の論文集や John Benjamins Publishing Company の Linguistics Today のシリーズの本に多くその論文が見られる。Linguistic Inquiry など生成文法の学術雑誌にもカートグラフィー研究の論文が最近では掲載されるようになってきた（例えば Haegeman (2011) を参照）。そして、ヨーロッパの言語学文献のリポジトリである Ling Buzz からは、無料でカートグラフィー関係の論文がダウンロードしたり投稿したりできる。是非活用していただきたい。

　本書は、卒業論文や修士論文やレポートをカートグラフィーの枠組みで書く助けとなることを主眼としている。そのため、（本書の第1章を除いては）学部の一年生の入門書としては難しすぎる。それは、言語研究の論文は、体系性を持つため、ある程度の「積み上げ」や「規則性」という視点が求められるからである。しかし、言語研究の初心者は、学部の段階で難しい高度な理論をきいても、話が高尚すぎて、面白さが伝わる前に、そもそも何を言っているのかさえ理解されないという悲しい状況が見受けられることがある。そして、言葉を勉強すること自体が好きなのだといういわゆる language-lover の存在も見逃せない。そんな方には、まずは、比喩を用いて、言葉の

面白さの全体像を把握することを主眼とした入門書 Rizzi・井上・遠藤（著）の『ことばの根っこ』(くろしお出版) をお勧めする。また、具体的なカートグラフィーの論文として、多少なりとも日本語との関連性を意識して書かれた論文集として、近刊の Cardinaletti・Cinque・Endo（編）On Peripheries（ひつじ書房）がある。その overview の章では、日本語がカートグラフィーの中で得意とする分野を英語で平易に書いてある。さらに、日本学や英語学でカートグラフィー研究に応用可能と思われる論文を集めた読み物としては、遠藤（編）「世界に向けた日本語研究」(開拓社) がある。あわせて、活用していただきたい。

　最後に、本書に関わった方々に感謝を申し上げたい。まず、本書を執筆するきっかけを与えていただいたひつじ書房の松本功さんに心より感謝申し上げたい。本書の下敷きとなる考えは、以下の大学での講義や講演で発表した。そこでいただいた、質問やコメントをにも本書でできる限り答えるように試みた：神田外語大学、東北大学、筑波大学、津田塾大学、国立国語研究所、首都大学東京、University of Tromsø、University of Geneva、University of Venice、University of Siena。

　本書は、過去数年にわたる学術振興会からの援助を得てなされている（基盤研究(B)：研究課題番号：21320079）。この援助に対して心より感謝の意を表したい。本書の目的の1つは、この援助によりなされたカートグラフィー研究の成果を社会に還元したいという願いがある。本書のどこか一カ所でも、読者の方々が研究を進めるきっかけとなれば、本書の目的は達成されたと思う。

2013 年 11 月　東京・豊洲にて

第1章

基礎的背景：カートグラフィーと生成文法

1.0. はじめに

　本章では、言語の基本的な性質からはじめて、生成文法の基本的な考えを見る。必要に応じて、カートグラフィー研究との接点にも触れる。

1.1. 言葉：コミュニケーション／考える道具

　人は毎日の生活の中で言葉を用いている。例えば、友人と会話をする時には、「これからどうしようか」「映画に行こう」などと、コミュニケーションをするための道具として言葉を活用する。一方、一人で部屋にいる時でさえ、「暇だな」とか「この問題は、こうやったら解けるかもしれない」などと、言葉を考える道具としても用いる。さらに、人は、自分の周りで起きる事柄や物を1つ1つ「区切り」を付けて整理して考える際にも、言葉を活用する。この最後の点は、少し分かりにくいので、ある逸話を紹介しよう。ある脳科学者が、ある朝に起きたところ異変を感じた。脳卒中になったのだ。職場に休むことを電話した時に、言葉が理解も喋りもできなかった。彼女は、左半球が不自由になっていることがわかった。（自分の声も相手の声もなぜか「ワン」と聞こえたので自分は犬になったのかと思ったそうである。）左半球は言葉を処理する部位である。そこが働かなくなった彼女は、あることに気がついた。自分を取り巻く世界が、すべてが区切りなく繋がって見えた。つまり自分が「区切りのない」世界の一部に見えた。そして、彼女には悩みも感じなくなった。悩みは、言葉で物事を整理してはじめて生じるのだ。このように、言葉には、連続した音声を区切りのある音として聞いたり、物事を区切って連続した事柄を非連続的に認識する基礎となる。このような言葉の持つ非連続的な側面を「離散的 (discrete)」な性質と呼ぶ。この性質のお陰で、私たちは、無意識のうちに動物とは異なる知的な行為を、毎日行っているのである。つまり、言葉は人間にとって生きて行く上で、欠かせないものである。

1.2. 言葉の 2 つの側面：知識と運用

　言語を研究する学問分野は、言語学 (linguistics) と呼ばれる。言語学とい

う用語で世間の人が持つイメージは、おそらく英語や日本語の「使い方」や、それらの言語をマスターするための「コツ」を研究する学問というものではないだろうか。ここでは、言葉を「知識」と「運用」いう2つの側面を分けて考える必要がある。この点を、言葉以外の事例を用いて比喩的に考察しよう。水泳を教えるコーチは、泳ぐ際に用いる腕や足といった体の仕組みに関わる「知識」をさほど必要としないように思われる。むしろ、泳ぐためのヒントとなる「運用」の仕方を教えることが期待されている。では、水泳のコーチにとって、体の仕組みという「知識」は全く必要がないのであろうか。答えはノーである。体の仕組みを知ることは、効率的な水泳や安全な泳ぎ方を考えるための「基礎」になるからである。(ちなみに、ヨーロッパの日本語学科には、アニメや漫画の授業がある。そのような授業では、体の人体的な構造や仕組みを教えることがある。それによって、躍動感のある絵が描けるのだという。)言語も同様である。言語の仕組を知ることは、様々な言語に関わる活動を知る上での基礎となる。それに加え、言語学の知識は、どのような言語の側面を研究したり職業で用いるにしても、その基礎となる根幹となる欠かせない言葉の側面である。

1.3. 言葉の特徴：2重分節

　人間も他の動物も、ある意味でコミュニケーションという活動をする。では、人間のコミュニケーションにはあって、動物のコミュニケーションにはない特徴は何であろうか。その例を見るために、「れ」と「み」という音の区別を見よう。日本語では、「れ」を舌をそらしながら発音するか否かは重要ではない。一方、ラ行の音を舌をそらしながら発音する必要がある言語もある。例えば、英語では、ラ行の音を舌をそらしながら発音する /r/ とそうでない /l/ の音は、異なる意味を生み出す。そのため、rice（ごはん）と lice（しらみ）は別の事物を表わす有意味な区別となる。このように、ある言語で有意味な音の素となる単位を音素（phoneme）と呼ぶ。(音素は、/ / という斜め線を用いて表わされる。)音素は、結合することにより、さらに大きな単位を作ることができる。例えば、「れ」と「み」を結合して「れみ」と言えば、

うちのワンコの名前という「単語」を形成する。このような「語」の素となる単位を形態素（morpheme）と呼ぶ。このように、人間の言語では、音素という音の単位を結合して、形態素という別のレベルの語の単位をつくる2重の構造を持っている。これを言語の二重分節（double articulation）と呼ぶ。二重分節は、動物のコミュニケーションには見られない人間言語に独特の特徴である。

1.4. 言葉の知識：脳に存在する知識

　人は、このように自分の母語の音や単語を組み合わせて、さらに大きな単位を作る言葉の知識を持っている。一般的に知識というと学校などで人から教わる事柄を連想しがちだが、ここでは無意識に頭に入っている言葉の規則性に関わる知識としてとらえよう。例えば、音や単語の組み合わせには規則性がある。日本人であれば「行くよね」と言うところを言い間違って「行くねよ」と言っても、聞き手は、これが言い間違えであることが認識できる。それは、「よ」と「ね」を結合する語順の知識を持っているからである。さらに「行くか」という文の「か」を「行くか↗」に見るように、「か」を上昇調のイントネーションで発音すると、聞き手に「質問」をする意味になる。一方、「行くか↘」に見るように、「か」を下降調のイントネーションで発音すると、話し手が一人で「落胆」をしている意味になる。（ちなみに、後の章で詳しく述べるように、通例は下降調でしか発音されない文末表現もある。例えば、「ぜ」は、「行くぜ↗」のように、上昇調で発音するとコミカルの響きを伴う。）つまり、音の規則性の知識にはイントネーションも含まれる。

　人は、この脳に内在する言語表現を結合してさまざまな様式に発音するという言葉の規則に関わる知識を、無意識のうちに獲得した。これは、どのように獲得されたのであろうか。普通は、「周りで聞く言葉を聞いて丸暗記して獲得する」という答えが予測されるだろう。ところが、これでは説明がつかない事例が、子供の発話に見られる。子供には、次に見るように、単語の結合を繰り返して、その気になれば「無限」に続けられる長い文を、作ろう

とする時期がある。

（1） 太郎君がぶったって花子ちゃんが言ったって正雄君が教えたって…

子供は無限の長さの文を聞く経験をしていない。それにも関わらず、子供には、無限の文が作れるのである。つまり、子供は、周りで聞く言葉の情報よりも多くの情報を、頭の中の持つのである。では、なぜ子供は言葉について経験する以上の知識を持つことが可能なのだろうか。最初にこの問題を提示したプラトンに敬意を表して、この不思議をバートランド・ラッセルは、プラトンの問題(Plato's problem)と呼んだ。

（2） 言葉の情報→子供→言葉の知識
　　　（少ない）　＜　（多い）

このプラトンの問題に対する答えは、無限の長さの文を作るための「ひな形」とでも呼ぶべき規則を、子供が生まれつき脳に持ち合わせていることによる。後に見るように、この言葉を結合する規則は、ある方式で、繰り返し適用することが可能である。子供は、無意識のうちにこの特徴に気がついている。つまり、子供は、言語表現を結合して文を作る規則を繰り返し適用することで、無限の文を作ろうとするのである。

1.5. 言葉のルール＝推論？

　しかし、脳には、言葉の規則のひな形が生まれつき備わっている、という考えには反論があるかもしれない。例えば、「子供は周りで聞く文から類推をして、無限の長さの文をつくるルールに辿り着くのではないか」といった反論である。では、推論とは何であろうか。推論とは、概略、前に聞いたことがある事例をもとに、それを他の事例に拡張して適用することを意味する。例えば、「赤いボール」という表現を聞いた子供は、その「赤い」という色を他の色に拡張して、「青いボール」と言う。これが類推の一事例であ

る。

（3）　赤いボール＝＞青いボール

しかし、この推論だけでは、説明がつかない事例がある。例えば、「赤いボールを塗った」という文を見よう。この文からは、色（＝赤）と物（＝ボール）を入れ替えて「ボールを赤く塗った」という文を作ることができる。では、この単語の入れ替えを「赤いボールを見た」という文に適用してみよう。すると、「ボールを赤く見た」という変な文になってしまう。このように、推論による拡張だけでは、日本語として可能な文を過不足なく生み出すことは難しい。（ある言語の文を過不足なく列挙することを生成（generate）という。）そして、そもそも子供がなぜ、この「ボールを赤く見た」という文が変だと判断できるのかが、類推では説明できない。

（4）a.　赤いボールを塗った→ボールを赤く塗った。
　　　b.　赤いボールを見た→？ボールを赤く見た。

つまり、言語には、周りで聞く言葉を拡張して規則を適用するという表面的な操作よりも豊かな、内面に根ざす言葉の知識や操作が関わっているのである。

1.6. 言葉の知識の中心：構造

では、人間の内面に根ざす言葉の知識や操作とは、いったい何であろうか。そこには、構造（structure）という考えが関わっている。構造とは何かを理解するために、次の具体例を見よう。

（5）　あか＋かさ＋たて

ここでは、「あか」「かさ」「たて」という3つの単語が結合して、「赤傘立て」

という複合語ができている。

そして、この「あか　かさ　たて」は2つの意味と発音の可能性を持つ。

（6）　意味　　　　　　　発音
　　　赤いのは傘立て—あかかさだて
　　　赤いのは傘—あかがさだて

ここでは、意味と連動して、「か」の音が「が」という濁音になることが示されている。この事実は、次のルールにより説明することが可能である。

（7）　結合のルール：2つの言語要素を結合して言語表現(＝構造)を作る。
　　　音のルール：言語表現の構造をみて、右の枝に接している清音の単語
　　　　　　　　を濁音にする。（連濁ルール）

最初の結合の規則によって、最初に「あか」と「かさ」を結合するか、それとも「かさ」と「たて」を結合するかにより、(8)に見る2つの構造が作られる。

（8）a.
　　1)［あか＋かさ］を結合
　　2) 1)に＋［たて］を結合　→　あか　かさ　たて
　　　　　　　　　　　　　　　　　（右枝）（右枝）
　　b.
　　1')［かさ＋たて］を結合
　　2') 1)の［あか］を結合　→　あか　かさ　たて
　　　　　　　　　　　　　　　　（左枝）（右枝）

ここで、上の構造を木（tree）に喩えてみよう。そして、右や左に伸びる線を枝と考えよう。すると、(8a)に見る2)の構造では、「かさ」と「たて」が右枝に接している。そのため、音のルール（＝連濁のルール）により「かさ」が「がさ」「たて」が「だて」と濁って発音することが可能となる。一方、(8b)に見る2')の構造を見ると、「たて」は右枝に接しているが、「かさ」は右枝に接していない。そのため、「かさ」だけが「がさ」と濁って発音されることはない。

以上の点は、言語の持つ次の重要な点を示している：(i)単語を結合する操作は、「2つ」という結合する「最小」単位を選んでいる（＝3つの単語を同時に結合すると、平べったい1つの構造ができるだけなので、2つの構造は作れない。そして、そこから生じる濁音の違いも説明できない）。(ii)言語要素を結合する操作により、言語表現は「構造」を持つ。(iii)連濁の規則は、構造に言及して適用される。この構造に基づく操作が、上で見た最初の問いである「人間の言葉の内面に根ざす知識や操作とは何か」を示す1つの事例である。この構造を作る部門を、統語部門（syntax）と呼ぶ。

1.7. 構造の作り方：併合（Merge）

ここで、以上の考えを、生成文法の用語を用いて体系的に述べてみよう。そして、それを踏まえて、言葉の持つ別の側面である、意味がどのようなものであるかを見よう。

言語の構造は、「併合（Merge）」という「言語表現を結合する操作」により作られる。具体的には、この併合という操作は、(9a)に見るように、AとBという任意の2つの統語要素を結合し、［AB］という複合体を形成する。そして、この併合の操作を適用した統語構造が十分な大きさを持つ単位をなすと、それは(9b)に見るように、音と意味の部門に送られ（transfer）、そこで音と意味の解釈を受ける。

(9) a. 併合（Merge）:　A　　B ➡ ［A　B］

(cf. Chomsky 1995)

b. 音 ← 統語構造 → 意味

　この併合の操作を 2 回繰り返すことにより、(8) で見た 2 つの構造が作られる。(以下に (8) を再録する。) この構造が音の部門に送られると、そこで連濁の規則が適用される。

(10) a.
　　1) ［あか＋かさ］を併合
　　2) 1) と［たて］を併合 → あか　かさ　たて
　b.
　　1') ［かさ＋たて］を併合
　　2') 1) と［あか］を併合 → あか　かさ　たて

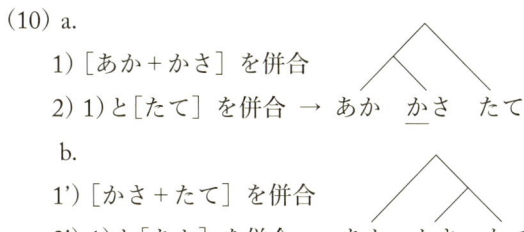

　では、この構造が意味の部門に送られると、どのような操作が適用されるのであろうか。この点を見るために、再び上の図を見よう。(10a) の構造では、「あか」の意味が「かさ＋たて」全体に及んでいる。つまり、赤いのは、「かさたて」である。一方、(10b) では、「あか」の意味が「かさ」だけに及んでいる。この意味の規則性を理解するために、上の図で木の枝にくっついている単語の間の関係を家系図に喩えよう。(12a) の場合、「あか」が「自分」であるとすると、その上が「親」となる。そして、その親の下にある「かさ」は自分の「姉妹」(sister) という関係にある。つまり、「赤い」の意味が及ぶのは、その姉妹の言語表現である、「傘」だけとなる。この点は、(11) の規則により表現される。この規則の適用を示したのが、(12) に見る図である。

(11)　スコープ (scope) の規則：ある言語表現の意味の作用する領域（＝スコープ）は、その姉妹とその下に位置する言語要素。

(12) a.
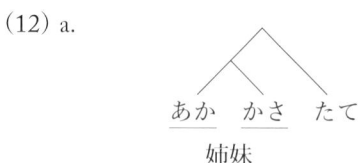

b.
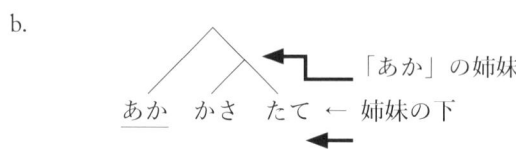

　(12a)においては、「あか」が「自分」であるとすると、その上が「親」となっている。そして、その親の下にある「かさ」は自分の「姉妹」という関係にあるので、スコープの規則により、「あか」の意味は、その姉妹である「かさ」に及ぶ。その結果、赤いのは傘という意味が生じる。一方、(12b)では、「あか」と姉妹の関係にあるのは、「かさ＋たて」の複合体である。そのため、「あか」のスコープは、「かさ」と「たて」の両方に及ぶ。その結果、赤いのは、「かさ＋たて」と解釈されるのである。これが、「人間の言葉の内面に根ざす意味」に関わる別の事例である。
　以上をまとめると、言葉の構造は統語部門で構造が作られ、それが音と意味の部門に送られる。そして、それぞれの部門で意味と音の規則が適用され、その言語表現の音や意味が決定される。これにより、人は誰かが言い間違えの発音をした場合に、その間違いを指摘できるし、2つの意味に解釈できる多義的(ambiguous)な表現を聞いた時に、その2つの意味を指摘することができるのである。

1.8. 音と文と意味の自立性
　以上、言語の音と意味が、言語の構造により決定される事例を見た。では、音は、すべて構造により決定されるのであろうか。答えは、ノーである。この点を見るために、次の例を考察しよう。

(13) a. むぷしょぷくぷのぷ
　　 b. むしょくの

(13a)の表現は、(13b)の「むしょくの」という表現をパピプ言葉にしたものである。パピプ言葉とは、「それぞれのひらがなの後ろに対応するパ行の音を挿入する」という規則である。周りに知られたくない内容を伝える時に、子供が用いる言葉遊びの1つである。このパピプ言葉は、音を処理する部門に専用の規則である。つまり、パピプ言葉を喋る際には、文の構造を考慮する必要がない。これは、音の規則が音の部門（sound component）という自律した体系で決定されていることを示している。

　では、意味の部門は、どうであろうか。次の例を見よう。

(14) a. 緑色の花
　　 b. 無色の考え

(14a)の表現は、意味をなすが、(14b)の表現は意味的に変則的である。これら2つの表現は、統語部門で、「無色の」「緑色の」という同じ色の表現が、「花」や「考え」という名詞と併合することにより作られる。ここに見る意味的な変則性の差は、統語部門で作られた表現が意味をなすか否かは、構造とは切り離された別の問題であることを示している。つまり、意味が正常に聞こえるか否かは、独立した意味部門の規則により決定されるのである。（その意味の規則とは、概略、「花」という単語は、その意味に「色」という特徴を持つが、「考え」という単語は、その意味に特定の「色」の意味を持たず、色の特徴を持つ名詞だけが、色の表現により修飾できるという趣旨である。）

　以上、文を作る統語部門とは独立して、意味を解釈する意味部門、音声を決定する音声部門が存在することを見た。これを、「統語」「意味」「音」の各部門が自立的（autonomous）であると言う。例えば、統語部門では、「無色の」と「花」という2つの単語を併合し、音の部門では、パピプ言葉が作ら

れ、意味の部門では、「無色の考え」が変な表現として解釈される。つまり、構造と音や意味は、自らに与えられた仕事だけに専念する「自律」した体系なのである。統語の規則は、文が正しい意味を持つか否かは考えないで、ひたすら単語を結合する仕事だけをする。

　しかし、一方で、音や意味が構造により決定される連濁やスコープの事例があるということも事実である。これらの相反する事実は、次のように説明が可能となる。

(15)　構造部門から意味と音の部門へ情報が送られる。
　　　音の部門←統語の部門→意味の部門

ここでは、音と意味と統語の各部門は、自律して自分の仕事をしており、それぞれが統語部門を中心にして繋がることにより、連携していることが示されている。つまり、統語部門は文の構造を作る仕事に専念をして、それが音や意味の部門に送られる。この場合、統語の部門は、言語表現を併合する仕事に専念し、音の部門は音の仕事に専念し、意味部門は意味の仕事に専念をする。しかし、音や意味の部門は、統語部門が作る構造と繋がっているので、統語部門から渡された構造を見ながら、音や意味の規則を適用できるのである。喩えてみれば、言葉の仕組みはテレビのようなものである。テレビの機械は映像と音の信号を作る。そこでは、機械は送られてくる信号を組み立てる仕事に専念し、その組み立てた信号を、スピーカーとスクリーンに送る。スピーカーは音を出す仕事に専念し、スクリーンは映像を映し出す仕事に専念をする。ここで、その機械の作り出す信号は、スピーカーとスクリーンに送られるので、スクリーンの映像にあわせて音が出されるという連携が可能となる。つまり信号を作り機械（＝ syntax）、スピーカー（＝ sound）、スクリーン（＝ meaning）という関係である。人間の言語とテレビが異なるのは、テレビ同士が会話をしないことである。（これはテレビが音や映像を受け取って、反応する仕組みは持たないためである。）

　統語部門と音や意味の部門の連携を、さらに見よう。例えば、統語部門で

は、次に見る文末表現がどの順序で併合されるかが決定される。そして、そこで作られた文末表現の音(＝イントネーション)は意味部門と連動して異なる意味を持つ。これらのイントネーションと意味は、以下の章で述べる。(イントネーションと意味の関係については、森山(1989)を参照)

(16) a. やるわよね○
　　 b. やるねよ×
　　 c. ワイルドだぜ(下降イントネーション)
　　 d. ?ワイルドだぜ(上昇イントネーション)
　　 e. ワイルドだぜ〜(上昇しながら延ばすイントネーション)
　　 f. やるね(上昇イントネーション) ⇒ 質問
　　 g. やるね(下降イントネーション) ⇒ 確認
　　 h. やるね〜(延ばすイントネーション) ⇒ 賞賛

1.9. 統語部門(Ⅰ)：文の作り方

　以上、2つの単語を併合することにより、さらに大きな言語表現を作る事例を見ながら、そこで働く意味と音の操作の一例を紹介した。次に、この併合の操作により「文」が作られる事例を見よう。文を作る作業は、脳の中で「無意識に」に行われている。そのため、文がどのような操作により作られて、それがどのような構造をしているかは、実際の言語のデータを見ながら考察するしかない。その際には、次の推論のステップが踏まれる。

(17) 　(A) ある言語の事実がある。(事実の観察)
　　　(B) ある規則を仮定することにより、その言語の事実は説明が可能。
　　　　　　　　　　　　　　　　　　　　　　　　　(仮説の形成)
　　　(C) ゆえに、その規則が脳に備わっていると考える。(結論)

これは論理学でいう後件肯定の誤謬という間違った推論の仕方であるのだが、新たな事柄を発見するには欠かせない推論の手順である。この推論を用

いて、次の文の構造を考察しよう。

(18) 先生が 学生を 批判した。

この文は、主語である「先生が」と目的語である「学生を」と動詞「批判した」の3つの要素からなる。これら3つの言語表現は、同等に数珠玉のように並んでいるわけではない。この点を見るために、これら3つの表現から複合語を作ってみよう。

(19) 学生批判

この複合語においては、「学生」が「批判」の目的語として解釈されている。つまり、「学生批判」は「学生が批判する」という意味ではなく、「学生を批判する」という意味に解釈される。この言語の事実が、文の構造を知るための第一段階となる言語の事実である。
　この事実は、次のように考えることで説明が可能となる。

(20)　(Ⅰ)　文は、まず動詞と目的語が併合される。
　　　(Ⅱ)　次に、併合された要素に主語が併合される。
　　　(Ⅲ)　複合語は、文中の動詞と、構造的に近い関係にある動詞と一番最初に併合された名詞表現が併合することにより作られる。
　　　　　　　　　　　　　　(第一姉妹の原則；Roeper and Siegel 1978)

まず、(Ⅰ)と(Ⅱ)の考えにより、次の文の構造が形成される。

(21) a.　［学生を＋批判した］(Ⅰ)→
　　 b.　［先生が＋［学生を　批判した］］(Ⅱ)

次に、(Ⅲ)の規則により、動詞「批判する」は、それと最初に併合された構

造的に一番近い目的語の名詞表現「学生」と併合することにより、複合語「学生批判」が作られる。その結果、「学生批判」における「学生」は、動詞「批判する」の目的語として解釈されるのである。つまり、文の構造は、動詞と目的語が強く結びつき、それに主語が併合されるという次に見る階層的な構造を持つ。これが、(B)の仮説の形成の趣旨である。

(22) ［主語　［目的語　動詞］］

この文の構造から仮定した(C)の第一姉妹の原則は、様々な言語に働く一般的な原則である (cf. Baker 2001)。このように一般性を備えた規則性を原則 (principle) と呼ぶ。文の構造は、このような原則を用いながら確認することができるのである。

　練習問題として、上で見た第一姉妹の原則を使って、いくつかの異なる種類の文がどのような構造を持つかを考察しよう。まず、日本語では、「〜に」と「〜が」からなる文(23a-b)がある。それらの文においては、「〜が」と動詞が強く結びつき、複合語が形成可能となっている。

(23) a.　太郎にばちが当たった。→ばち当たり(［太郎に［ばちが＋当たった］］)
　　 b.　それに興がさめた。→興ざめ(［それに［興が＋さめた］］)

この事実から、上の文は、「〜が」と動詞が最初に併合される［〜に［〜が＋動詞］］という基本語順の構造を持つことがわかる。

　では、次に、(24a-b)の文を見よう。これらは、上と同じく、「〜に」と「〜が」からなる文であるが、ここでは、「〜に」と動詞が強く結びつき、複合語が形成可能となっている。ここから、これらの文は、「〜に」と動詞が最初に結びつく［〜が［〜に＋動詞］］という基本語順を持つ階層構造を持つことがわかる。

(24) a. 太郎が湯に当たった。→湯当たり（[太郎が [湯に＋当たった]]）
    b. その点が気にかかる。→気がかり（[その点が [気に＋かかる]]）

　このように、「〜に」と「〜が」からなる文の基本語順の違いを語形成から調べた研究はあまり見られず、「〜に〜が」と「〜が〜に」がどの程度の密度で生じ、なぜそのようになっているかをは、現在のところ未解決の問題である。
　以上をまとめると、「文」は動詞からはじめて、まず目的語を併合して、次に主語をそれに併合するという具合に、併合の操作を繰り返し適用していくことで作られることがわかった。

1.10. 統語部門（Ⅱ）：無限の文

　前節では、文が2つの言語要素を併合する操作により形成されることを見た。この併合の操作は、適用する回数に関しては制限がない。そのため、ある規則性で併合の操作を繰り返し適用すれば、人間は無限の長さの文を作ることが可能となる。具体例を見よう。

(25) 太郎が本を買った。

この文は、動詞「買った」と目的語「本を」を併合することで、動詞を中心とする「動詞句(Verb Phrase: VP)」が形成される。ここで、動詞「買った」は、動詞句全体の性質を決定する中心の要素である。この句の中心となる要素を主要部(head)と呼ぶ。次に、動詞句と主語の名詞句「太郎が」が併合され、「文(Sentence: S)」が形成される。

(26) a. 本を＋買った→［VP 本を　買った］
　　　　　　　　　　　　　　　　↗
　　　　　　　　　　　　　　主要部
    b. 太郎が＋［VP 本を買った］→［S 太郎が［VP 本を買った］］

さて、この文に「と」を併合すると、この全体が独立した主文ではなく、他の文の一部である「補文」が形成される。この補文は、動詞と併合することで、再び「動詞句」が形成される。これに主語名詞句が併合されると、2つの文を持つ複文が形成される。（「と」は、その前の文が主文に埋め込まれた補文であることを示すので、補文全体の中心をなす主要部である。）

(27)　［太郎が本を買った］＋と→［太郎が本を買ったと］（補文の形成）
　　　［太郎が本を買ったと］＋言った→［太郎が本を買ったと言った］
　　　　　　　　　　　　　　　　　　　（補文＋動詞からなる動詞句の形成）
　　　次郎が＋［太郎が本を買ったと言った］→［文1(主文)次郎が
　　　［文2(補文)太郎が本を買ったと言った］］（複文の形成）

この文に再び「と」と併合すると、新たな「補文」が形成され、それと別の動詞が併合することで、新たな動詞句が形成される。このように、動詞と「と」を持つ補文を併合する規則の適用により、無限に長い文を作ることが可能となる。つまり、人は、あるパタンで言語表現を併合する操作を繰り返し(recursive)適用することで「無限の長さの新たな」言語表現を形成することができるのである。これが、人間の言語の持つ「創造的」(creative)側面の根元にある力である。規則を繰り返し適用することで無限の長さの文を形成できるので、世界で一番長い文は存在しない。人間の作る文の数は、補文がどんどんと長くなっていくことで補文1、補文2、補文3…と数えあげることができる可算無限(countably infinite)という性質を持つ。

1.11. 統語部門（III）：文の階層

前節では2つの言語表現を併合する操作を繰り返し適用することで、無限に長い文が作られることを見た。この操作により作られた文は、次に見るように階層的な構造を持つ。

(28)　［本を＋買った］

［太郎が＋［本を買った］］
［［太郎が［本を買った］］＋と］
［［［太郎が［本を買った］］＋と］＋言った］
…

　本節では、文が動詞や名詞以外のどのような要素から作られるかを考察する。この点を見るために、次の文を考察しよう。

(29) a.　批判＋され＋てい＋な＋い＋だろう

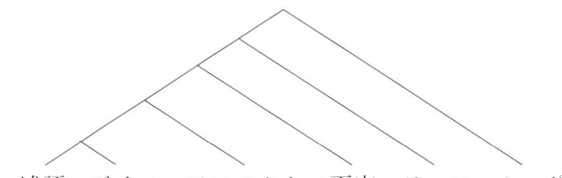

　　 b.　述語＜ボイス＜アスペクト＜否定＜テンス＜ムード
　　 b'.　［ボイスの階層　述語 ボイス］→
　　　　　［アスペクトの階層　［述語 ボイス］アスペクト］→
　　　　　［否定の階層［［述語 ボイス］アスペクト］否定］→
　　　　　［テンスの階層［［［述語 ボイス］アスペクト］否定］テンス］
　　　　　［ムードの階層［［［［述語 ボイス］アスペクト］否定］テンス］ムード］
　　 c.　The book would not have been being criticized.
　　　　　ムード＞否定＞アスペクト＞ボイス＞述語

(29a)の文では、動詞「批判する」にボイス要素「られ」が後続し、次にアスペクト要素の「てい」が後続するという線形順序が示されている。この線形順序は、(29b)にみる階層構造で表わされる。つまり、(29')に示されるように、動詞が一番低い階層にあり、次にそれと併合されるボイスが、それよりも高い階層になる。線形順序と階層の関係は、鏡像原理（mirror principle）により捉えられる（Baker 1985）。鏡像原理とは、動詞から離れていけばいくほど、その要素は、より高い階層に属するという趣旨の原則である。この原

則を念頭において、再び (29a) の文を見よう。ここでは、まず最初に、動詞「批判す」にボイス要素「られ」が併合し、ボイスの階層が形成される。そして、この統語構造にアスペクト要素の「てい」が併合され、ボイスよりも高いアスペクトの階層が形成される。この手順を「再帰的」に踏むことで、(29b) に見る文の階層が生成されるのである。

以上をまとめると、次の手順を踏むことにより、日本語の文は形成されることがわかる。

(30) 手順：動詞から始めて、低い階層から高い階層の順で機能語を併合する。
　　　階層順序：述語＜ボイス＜アスペクト＜否定＜テンス＜ムード
　　　規約：この際、どの機能語も必須要素のテンス以外は、併合することもしないことも自由。

ここで、テンス要素が必ず併合されなければならないのは、テンスが文の必須要素だからである。では、なぜテンスは文の必須要素であるのだろうか。最新の生成文法では、「文」という範疇を想定しない。むしろ、テンスの階層である「テンス句」(Tense Phrase: TP) が、いわゆる文に相当する。その結果、文という単位が成立するためには、テンスを持つテンス句が必要となるのである。(以下では、便宜上、文という用語を使うが、これは正確にはテンス句を意味する。)

以上の文の作り方を念頭において、練習をしてみよう。例えば、進行形の文はどのように作られるであろうか。答えは、動詞とアスペクトの機能語を併合する操作を適用した後に、文の必須要素であるテンスが併合して文が完成する。(後の述べるように、非定型の「て」や「い」は、「る」や「た」のテンスの形を持たない。)

(31) ［アスペクトの階層　並べ＋てい］→
　　　［テンスの階層　［並べ＋てい］＋た］

cf.[テンスの階層　［並べ］＋て／に]

　ここで重要なのは、ここで生成された日本語の階層構造は、ほぼ世界中の言語に普遍的に見られる共通した階層構造を持つという点である。つまり、各階層の左右の線形順序は、言語ごとに異なる場合があるものの、ある要素が動詞からどのくらい近い階層に生じるかという階層の視点から見ると、すべての言語は、ほぼ同じ階層構造を持つ。例えば、(32a)に見るように、英語にも同じ階層が存在する。2つの言語の違いは、各々の階層の主要部が、その階層の前に生じるか(＝英語)、それとも後ろに生じるか(＝日本語)という違いによる。このような言語間の違いを生み出す因子をパラメター(parameter)と呼ぶ。

(32) a.　私はだぶんその映画を見るだろう。
　　 b.　I will probably watch the movie.
　　 c.　動詞＜テンス…
　　　　　　日本語○
　　　　　　英語×

　パラメターには、ある階層の要素が、使われるか否かといった趣旨のものもある。例えば、日本語では、(32a)の文に見る「る／た」というテンスの要素よりも外側にムード要素「だろう」が生じる。一方、英語では、(32b)に見るように、テンスより外側にムード要素が生じることはない。この場合、(32c)に見るように、日本語も英語も、同じ文の階層構造を持つと想定する。そして、日本語では、テンスよりも上に位置するムードの階層を使用するが、英語では、その高いムード階層を使用しないと想定するのである。
　以上をまとめると次の図のようになる。ここでは、日本語と英語において、同じように動詞からはじめて、同じタイプの要素を1つ1つ併合して、同じ階層を作ることで文が作られることが示されている(日本語学では、階層を箱により表わすことがあり、生成文法では、階層を木の構造で表わす。

ここでは、日本語学の表記法を文の下に示し、生成文法の表記法を文の上に示して、併記することで、両者が階層構造について、同じ考えを共有している点が示してある。)

(33)

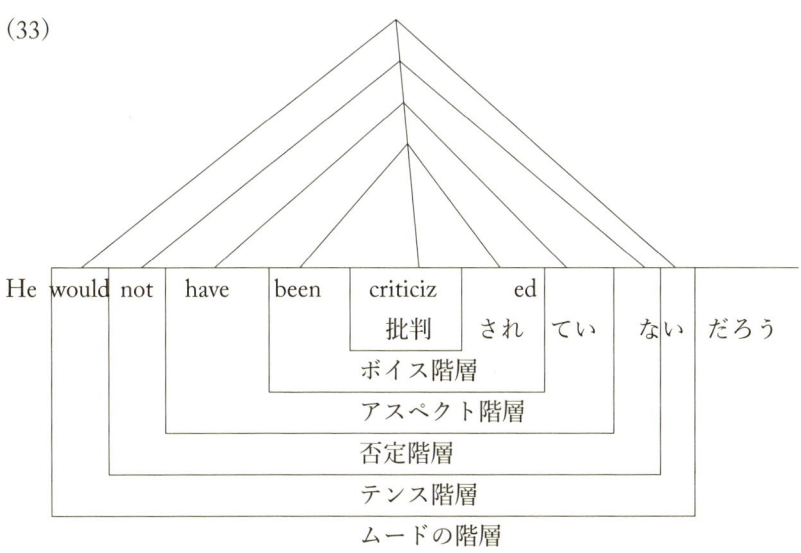

　ちなみに、日本語と英語を峻別する因子となるパラメターの考えは、音の習得を考えると分かりやすい。例えば、言語を習得する段階で、子供はすべての言語に対応できる音の情報を持つ。子供は、その中から自分の言語で使う音だけを選び取り、残りは忘れ去る(=learning by forgetting)。例えば、生まれたばかりの子供は、rと1の音の区別をする選択肢を持つ。英語では、この選択肢が選ばれ、日本語では、その選択肢は選ばれずに、忘れ去られる。これと同様に、文法においても、子供はすべての言語に対応できる文の階層構造についての情報を持つ。そして、その中から自分の言語で使うものだけを選び取り、残りは忘れ去るのである。(32)の事例では、テンスより上の高いムードの階層を日本語では選択し、英語ではその選択肢が忘れ去られるのである。この言語間のパラメターは、言語習得の過程で直接耳にできる

情報に限られる(Chomsky 2001)。

1.12. 統語部門(IV)：意味役割

　前節では、日本語を含むすべての言語は、基本的に同じ文の階層構造を持つことを見た。この階層構造により作られる文が、いわゆる文の基本語順の構造となる。この基本語順となる構造には、意味が付与される。そこで付与される意味を見よう。(34a)の文「太郎が花子にキスした」においては、キスした方が太郎で、キスされた方が花子であることが示されている。この情報を意味役割(semantic role)と呼ぶ。より正確には、基本語順は、併合により階層を持つ構造が形成され、その各階層に生じる表現に意味役割が付与されるのである。具体例として、(34a)の文を見ると、「太郎」がキスをする動作主(Agent)という意味役割を持ち、「花子」がキスをされる被動者(Patient)という意味役割を持つ。被動者という意味役割は、動詞句「キスをする」の中で、目的語の名詞句に付与される意味役割である。つまり、動詞句に生じる「花子」に被動者の意味役割が付与される。一方、キスする方の意味役割である動作主は、さらに上の階層で付与される。その際、その中心は、vという機能語が想定される。

(34) a.　［花子にキスをした］
　　　　被動者(Patient)
　　 b.　［太郎が［花子にキスをした］v］
　　　　動作主(Agent)

　ここで重要なのは、この動作をする方と、される方という2つの意味役割が、階層といういわば構造によって決定されるという点にある。このように、意味を統語構造で表わすことを、統語化(syntacticize)と呼ぶ。これは、生成文法において基本的な考えであり、カートグラフィー研究でも中心的な考えをなす(Hale and Keyser 2002; Chomsky 1995)。
　意味役割は、様々な統語操作により変化しても、その意味役割は変化しな

い。その具体例を見よう。

(35) a. 太郎が　　花子を　　追いかけた。
　　　　（動作主）（被動者）
　　 b. 花子を　　太郎が　　追いかけた。
　　　　（被動者）（動作主）
　　 c. 花子が　　太郎に　　追いかけられた。
　　　　（被動者）（動作主）

(35a) の文では、「太郎」が動作主という意味役割を付与され、「花子」が被動者という意味役割を付与されている。この意味役割は、(35b) に見るように語順を変化させたり、(35c) に見る受動態の文においても、(35a) と同じで、変化することがない安定した意味の情報である。
　以上、主語や目的語に統語構造をもとに意味役割が付与される事例を見てきた。この考えの妥当性を見るために、動詞が1つの名詞表現を選択する文を見よう。

(36) a. 雨が降った。
　　 b. 学生が歌った。

(36a) の文では、「が」を伴う名詞「雨」が人間ではない。この人間ではないという意味は、先に見た動作主という意味とは整合しない。つまり、この場合の、「雨」は、動作主のように、動詞句の外側に生じているのではなく、「人でも物でも良い」被動者と同様に、動詞句の内側に生じている。一方、(36b) に見る「踊る」という動詞は、「人」をその主語に持つ。ここから、その主語は、動詞句の外に生じている動作主であることが分かる。これらの事実は、次のように異なる構造により表わされる。

(37) ［太郎が［花子／記事を　批判した］v］。

　　　　　動作主　被動者
　　　　　（人）（人／物）
(38) a.　［動詞句　雨が　降った］。
　　　　　　被動者
　　　　　　（物）
　　 b.　［太郎が［踊った］v］。
　　　　動作主
　　　　（人）

　ここでは、主語の意味に応じて、異なる構造が付与されるという構造化の考えが表わされている。つまり、動作主は、vという階層に生じる名詞表現に付与され、被動者はそれよりも低い動詞句の階層で付与されるのである。
　これらの構造は、次の事実により支持される。先に見た第一姉妹の原則によると、動詞は「動詞句の内側」の名詞と複合語を形成することはできるが、「動詞句の外側」の名詞とは複合語を形成することはできない。実際、(39)に見るように、上の事例で見た「雨」と「降る」は同じ動詞句内の要素なので、複合語を形成することはできる。一方、「学生」と「踊る」は、同じ動詞句内の要素ではないので、複合語を形成することはできない。

(39) a.　雨が降る─＞雨降り
　　 b.　学生が踊る─＞？学生踊り

1.13. 統語部門（V）：移動（スコープと談話の意味）

　前節では、併合という操作により作り出される基本語順の構造において、意味役割が付与されることを見た。機械の言語とは異なり、人間の用いる自然言語（natural language）の文には、もう１つの意味が関与する。その意味は、移動（movement/ displacement）という操作により生じる意味である。最新の生成文法の理論では、移動という操作も、先に見た併合という操作の一種と想定する。つまり、移動は、次の(40)見るように、AがBと併合され

る際に、その一方の A が、「B の内側から」取り出されて、B と併合される。これを内的な併合（Internal Merge）と呼ぶ。（基本語順を作り出す併合は、A が B の外側から言語表現を取り出して併合するので、外的な併合（External Merge）と呼び、区別される。）そして、移動が生じると、移動前の位置と移動後の位置の間には、連鎖（chain）が形成される。この連鎖を通して、移動前の位置と移動後の位置は繋がれる。（連鎖の性質は後に述べる。）この連鎖の先頭の位置で付与されるのが、2つ目の意味である。

（発音）
(40)　［_B...A...］　➡　　［　A　［_B...＿...］］
　　　　　　　　　　　　　　　┗━連鎖━┛

内的併合により付与される事例を見るために、次の英語の事例を考察しよう。

(41) a. Which book ［do you think I should read ＿＿＿］?
　　 b. Do you know which book I should read?
　　 c. This book, ［you should read ＿＿＿］.
　　 d. (It is)THIS BOOK ［(that)you should read ＿＿＿
　　　　 (rather than something else)］.

(41a)では、which book という統語要素が、括弧でくくられた要素の下線部分から取り出され、そのスコープを示す文頭の疑問の位置へ内的に併合（＝移動）されている。ここでスコープとは、その要素の意味の作用する領域のことである。例えば、(41a)では、主文にスコープを持つ直接疑問文の意味が表わされている。一方、(41b)においては、which book が補文にスコープを持つ。その結果、この文は、間接疑問文として解釈される。さらに、移動により付与される意味には、談話に関わる事例がある。例えば、(41c、d)では、this book という要素が、括弧で囲まれた文の下線部分から取り出

され、文頭の主題や焦点の位置に移動されている。(41c)の文は、文頭の位置で古い情報を表わすトピックの意味が付与され、(41d)では、新しい情報を表わすフォーカスの意味が付与されている。(トピックとフォーカスについては、後の章で詳細に論じる。)つまり、移動は、スコープや談話の特徴(scope-discourse property)に関わる意味を生み出す効果を持つのである。

　以上、次の2点を見た。(i)外的な併合の操作により作り出される構造が、いわゆる基本語順で、そこでは意味役割が付与される。(ii)内的な併合と呼ばれる移動の操作により、スコープと談話の意味が付与される。

　次に、移動により生み出される談話とスコープの意味を、日本語の例を見ながら考察しよう。

(42) a.　太郎は［誰が来るか］言ったのか。
　　 b.　太郎は［誰が来ると］言ったのか。

(42a)の文では、「誰」のスコープが括弧で囲まれた補文にとどまり、いわゆる間接疑問の意味が生じている。その結果、この文の答えは、「はい」や「いいえ」となる。一方、(42b)では、「誰」のスコープが文全体に及び、いわゆる直接疑問文の意味が生じている。その結果、この文の答えは、「花子」などの「誰」に対する答えとなる。これらのスコープは、終助詞「か」のある節まで及ぶ。つまり、「か」の位置によって、「誰」のスコープが決定されるのである。ここで、「誰」という疑問要素は、英語とは異なり、顕在的(overt)に移動していない。しかし、この「誰」が非顕在的(covert)に、英語と同様に移動していると考える証拠がある。この点を見るために、まず、次の英語の文を見よう。

(43) a.　Do you wonder［who John kissed］？
　　 b.　*Who do you wonder［John kissed］？

ここで、wonderという動詞は、それに後続する文に疑問の要素を選択する。

そのため、(43a)の文では、括弧で囲った補文の文頭にwhoが生じ、文法的となっている。一方、(43b)の文では、一度、補文の中から移動したwhoがさらに主文に移動し、非文法性が生じている。これは、次の原理に違反しているためである。

(44) 凍結原理(freezing principle)：疑問要素は、スコープの位置まで移動すると、そこで凍結する。(Rizzi 2006)

ここで「凍結」とは、それ以上の移動ができないという意味である。上で見た非文法的な(43b)の文では、疑問詞whoが、wonderの「wh要素を選択する」という要求を満たすために、一度、括弧で囲った補文中からその先頭のスコープの位置まで移動してから、さらに文頭の位置まで移動している。この最初の移動で、whoは、スコープが決まる位置へ移動しているので、そこで凍結する。そのため、さらに移動が生じると、(44)の原則に違反することになり、非文法性が生じるのである。

　日本語でも、同じ凍結原理の効果が見られる。次の文を見よう。

(45) 太郎は［誰が来るか］言ったのか

ここで、日本語の疑問要素「誰」は、英語と同様に、一番近いスコープを示す「か」の階層まで移動していると考えよう。(この移動は、目に見える移動ではない。これを非顕在的(covert movement)な移動と呼ぶ。)

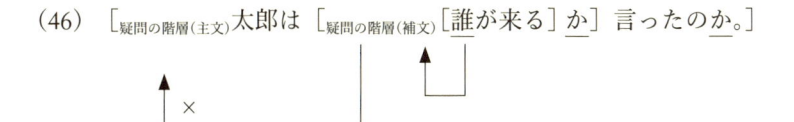

(46) ［疑問の階層(主文)太郎は［疑問の階層(補文)［誰が来る］か］言ったのか。］

ここで、「誰」は、括弧で囲まれた疑問の階層の位置で「か」により、スコープが決定される。凍結原理(44)により、疑問詞はスコープの位置で凍結する

ので、「誰」は、それ以上の移動ができない。その結果、(46)の文において
は、「誰」という疑問詞が、主文の「か」にスコープを持つ直接疑問に解釈
することができないのである。

　ここで、非顕在的な移動について述べておこう。上の事例においては、日本語では、英語と異なり、目に見える移動が生じていない。しかし、そこに生じる意味解釈は、日本語と英語でも同じ凍結原理にしたがっている。このように、一般的な原則に関して同じ振る舞いが見られる場合には、次に見る「統一性原理」(Uniformity Principle) の指針に沿って、表面的には移動が生じていなくとも、「非顕在的な」レベルで英語と同様の移動が日本語でも生じていると想定するのである。ここでいう非顕在的なレベルとは、文の情報が音の部門に送られた後の、意味部門のレベルである。意味部門で適用される文には、既に音の部門に送られた音に関する情報はないため、そこでの移動は非顕在的となるのである。

(47)　統一性原理：よほど強力な判例がない限り、すべての言語の仕組みは
　　　　　　同じと考える。(Chomsky 2001)

　次に、移動により生じる、もう1つの意味である談話(discourse)の意味を考察しよう。移動には、次の(48a)の文に見る談話に関わる事例がある。

(48) a.　そうそう、きのうの学会で山田先生という人に会ってね、
　　　　　その山田先生はうちの大学で教えたことがあるらしいのよ。
　　 b.　太郎は本は買った。
　　 c.　［トピックの階層　　［対比のフォーカスの階層…

(48a)では、2回生じている「山田先生」という表現の意味が異なる。一番目の「山田先生」は、聞き手が知らない新しい情報として、話し手が提示している。一方、2番目の文に生じる「山田先生」は、聞き手がすでに了解している古い情報として、話し手が提示されている。類型論的に、古い情報

は、文の先頭の位置に生じる傾向にある。これは、文の先頭に古い情報を付与する階層があるためである。

　一見したところ、日本語では、文頭ではなく、「は」という要素によって、古い情報が示されているように思われるかもしれない。しかし、この考えでは、(48b)の事例が説明できない。ここでは、主語の「太郎」と目的語の「本」がともに「は」を伴っている。ここで、最初の「太郎」は古い情報のトピックと解釈されるが、それに続く「は」を伴う「本」は、トピックの意味ではなく、「CDではなく本」といった対比のフォーカスの意味で解釈される。この事実は、次のように説明される。「は」自体は、トピックやフォーカスといった談話に関わる言語要素である。その場合に、「は」を伴う表現がトピックとして解釈されるかフォーカスとして解釈されるかは、その文頭に占める位置によって決定される。この文頭の位置は、(48c)に見るように、「トピック」の階層が「フォーカス」の階層よりも高い、前の位置に配列されている。そのため、「は」を伴う要素が2つ連続すると、最初がトピック、次がフォーカスと解釈されるのである。

　以上をまとめると、以下のようになる。(i)自然言語に特有な談話に関わる意味は、機械の言語には見られないトピックやフォーカスといった意味が含まれる。(ii)これら談話の意味は、文頭の階層で示される。本節で述べた要点を図にすると以下のようになる。

(49) a. 統語構造
　　　　（外的な併合により形成される構造：意味役割の意味）
　　　　　　　　↓
　　　　（内的な併合により形成される構造：談話と作用域の意味）
　　　　　　↓　　　　　　　↓
　　　　　音の部門　　　　意味の部門

　　b. Which book［do you think I should you read ＿＿＿］?
　　　　作用域　　　　　　　　　　　　　　　　　　　　意味役割
　　　　　▲━━━━━━━━ 連鎖 ━━━━━━━━

c. ［トピック　太郎は　［フォーカス　本は　　［　［＿　買った。］］］］

　　　　　　　　　　　　　　　　　　　　　　　　連鎖
　　　　　　　　　　　　　　　　　　連鎖

1.14. 統語部門(VI)：連鎖

　前節では、人間の言語においては、内的併合と呼ばれる移動の操作により、文頭で談話やスコープの意味が付与されることを見た。内的な併合である移動操作は、基本構造の一部を取り出して、それを文頭の位置に併合する操作であるが、文中の移動前の位置と文頭の移動後の位置は、連鎖（chain）により繋がれる。この連鎖により、移動する要素に移動前の位置と移動後の位置が繋がれ、移動する要素に2つの意味が付与される。より正確には、連鎖は次の性質を持つ。つまり、移動は自由気ままにどの位置にも生じる訳ではなく、文頭の高い位置に（＝卓立性）生じ、移動する前と後の間に別の似た要素が介在できない（＝局所性）。このような要件が満たされた文の表示が生じた場合に、移動前と移動後の2つの位置の間には連鎖が形成される。この場合、移動の操作においては、文の内側に生じる移動する要素が、文頭の位置に再び併合されるので、移動の前に位置には、発音されないコピーが残ると想定される。

(50)　卓立性：移動後の要素は、移動前の要素をc統御する。
　　　（Aの姉妹かその下の要素にBがある場合、AはBをc統御（c-command）する。）
　　　同一性：移動前の要素と移動後の要素は同じ要素（コピー）
　　　局所性：移動前の位置と移動後の位置の間に同じタイプの要素が
　　　　　　　介在しない。(Rizzi 2004)

　移動前と移動後の位置は連鎖により繋がれるので、移動要素は、それぞれの位置で付与される2つの意味を持つこととなる。そして音の部門では、連鎖の高い方が発音され、低い方が発音されない、という経済的な方策が取ら

れる。もし、連鎖に関わる条件が満たされない場合には、その連鎖は、意味部門で読み取ることができない。その結果、合法的な表示のみが文の表示として認可されるという完全解釈の原理（Full Interpretation）に違反することとなる。

　以上をまとめると、以下のような場合、BからAへ移動が生じ、合法的な連鎖が形成される。

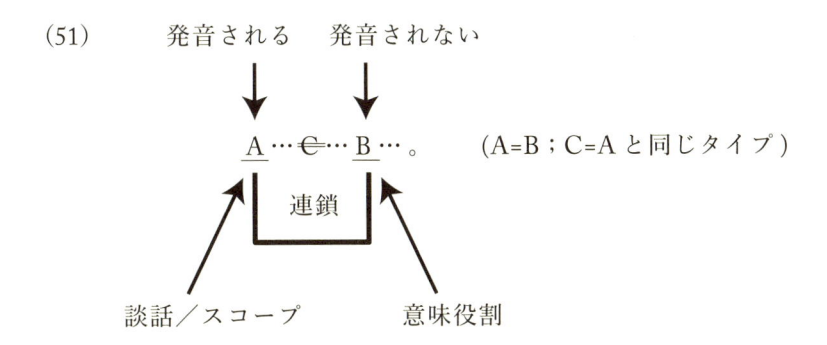

(51)　　発音される　発音されない
　　　　　　↓　　　　　↓
　　　　　　A…C…B…。　　(A=B；C=Aと同じタイプ)
　　　　　　↑　　　　　↑
　　　　　　└──連鎖──┘
　　　　談話／スコープ　　意味役割

ここでは、連鎖は、音と意味の2つの性質を持つことが表わされている。つまり、音に関しては、連鎖の先頭の要素だけが発音される。一方、意味に関しては、連鎖の先頭ではスコープや談話の意味が付与され、連鎖の末尾では意味役割が付与される。

　ここで注意しておきたいのが、2つの意味の「付与のされ方」である。論理的には、移動を用いることなく、1つの言語表現に「1つの位置で」2つの意味を付与することも可能である。しかし、実際に人間が用いる自然言語では、この方策は用いられることなく、移動により、2つの位置で別の2つの意味が付与されている。では、なぜ人間の用いる自然言語においては、意味役割とスコープ／談話という2つの意味が同じ1つの位置で付与されることがなく、異なる2つの統語位置で付与されるのであろうか。その答えは、人間が進化の過程で、「1つの統語位置に1つの特性や意味を付与す

る」という手段を選んだためである。この1つの階層の位置に1つの意味を付与するという考えを「局所的な簡素化」(local simplicitiy)と呼ぶ(cf. Rizzi (2004:7-8); Rizzi (2009))。この局所的な簡素化の背後にある考えは、次のように述べることができる。文頭の談話やスコープに関わる構造も意味役割の付与される構造も、併合という言語表現を結合する単純な操作で形成される。人間の言語は、この単純な操作を利用して、文頭に談話の階層を作り、そこで談話の意味を付与する方策を選択したのである。

　カートグラフィーでは、この局所的な簡素化という考えを最大限に活用する。具体的には、文の持つ構造から、音／意味の情報が直接に読み取れるように、統語表示を設定するのである。例えば、基本語順の構造において、動作主や被動者以外の意味役割が必要な場合は、その意味役割を付与するための統語的な階層を想定する。そして、基本語順から逸脱した語順においては、談話やスコープの意味に関わる階層へ移動が生じていると想定する。これにより、意味役割、談話、スコープといった文の意味が構造的から直接読み取ることが可能となる。つまり、統語構造から意味部門に渡される際に、経済的に文の形から意味が読み取れるのである。

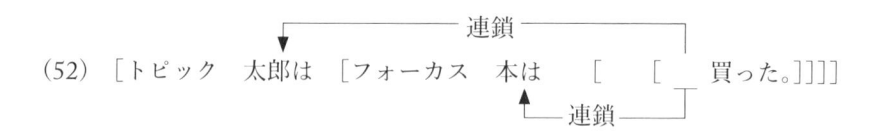

(52) ［トピック　太郎は　［フォーカス　本は　［　［　買った。］］］］
（連鎖／連鎖）

　一見したところ、文の構造に関わる統語部門に、意味の部門に属する談話や意味役割の情報を持ち込むことは、統語と意味の部門が自立しているという自立性の考えに反しているように感じられるかもしれない。もちろん、統語構造に反映されないような意味は、文の構造に表示する必要はない。例えば、「無色の考え」という表現が意味的に逸脱しているという事実は、統語部門で説明する必要がない。しかし、統語部門に反映されるような階層性や語順が関与する場合には、そこに談話や意味を反映する構造を想定する。つまり、談話や意味に連動して生じる統語的な階層を想定するのである。これ

は、局所的な簡素化の基本的な考えである。このような考えは、カートグラフィー研究に限られたことではなく、トピックなどの統語的な階層を想定することは、古くから生成文法でも想定されていた。カートグラフフィー研究で新しいのは、この局所的な簡素化に関わる考えを、詳細にそして徹底的に突き詰めようとする点にある。このカートグラフィー研究は、チョムスキーのミニマリズムが統語構造の操作が、そもそも何故そのような形になっているのかという根本的な問いを発した時期と連動している。ミニマリズムの視点で言語研究を突き詰めると、経験的な言語事実が手薄になる。それを補うというのが、カートグラフィー研究である。つまり、実りの多い作業分担がミニマリズム研究とカートグラフィー研究ではなされているのである。

1.15. 生成文法とは：まとめに変えて

本節では、本章のまとめに変えて、生成文法の基本的な考え方を少し形式的な形で手短に述べる。

生成文法の目標は、人間という種に特有な(species-specific)言語を操る能力の基盤にある言語器官(language faculty)の特質を解明する点にある(Chomsky 1995)。この言語器官は、脳に備わる認知機構であり、生成文法は、脳に備わる認知機構の解明を目指す認知科学(cognitive science)の一部門である。英語や日本語といった個別言語の間に見られる言語間の差異はもちろん存在するが、すべての言語に共通する基盤も存在する。この共通の基盤は、人間が生まれた時の言語器官の初期状態である普遍文法(Universal Grammar)に由来する。生成文法の主な関心事は、この普遍文法の性質の解明することにある。この普遍文法の解明において重要な役割を演じるのが、統一性原理(Uniformity Principle)である(Chomsky 2001: 2)。この原理は、「よほど強力な反例がない限り、すべての言語は同じメカニズムで成り立っていると考えて、普遍文法の構築を試みる」という趣旨のものである。この統一原理の指針によれば、言語間に見られる差異は、言語習得の段階で子供が入手可能な言語事実に限定され、そのような差異を生み出す因子はパラメターと呼ばれる。生成文法の実際の研究は、日本語や英語といった個別言語

の特質を見ながら行われる。その個別言語の研究をする際にも、言語の持つ一般的な特質に焦点が当てられ、その一般的な特質が他の言語にも見られる普遍文法の特性ではないかという期待を持ちながら研究がなされる。日本語と英語では、用いられる階層が異なることもあるが、共通の階層を基にして、それぞれの階層は生まれた時に脳にある普遍文法の初期の状態では、すべて存在すると想定する。

　では、個別言語に見られる普遍的な言語の側面とは、どのようなものであろうか。現在までの生成文法研究の辿り着いた答えは、統語構造にある。言語は、音と意味を持ち、ある言語の能力を持つことは、無限の(infinite)長さを持つ音と意味の対(pair)を生成する(generate)能力を持つことを意味する。ここで、生成とは、ある言語に属する言語要素をすべてそしてそれだけ(all and only)を明示的に(explicit)列挙する(enumerate)することを意味する。

　人はその気になれば無限の長さの文を発することができる。これは、チョムスキーのミニマリズムと呼ばれる最新の言語研究プログラムにおいて、統語論における再帰性(recursive)と呼ばれる性質により可能となる。再帰性とは、文を作る操作を繰り返して適用することを意味する。より具体的には、併合(Merge)という操作を繰り返し適用することを意味する。この併合という操作は、AとBという2つの任意の統語要素を結合し、[AB]という1つの複合体を形成する。そして、この併合の操作を適用した構造が十分な大きさを持つ単位をなすと、それは音と意味の部門に送られ(transfer)、そこで音と意味の解釈を受ける。併合により構築された基本語順の構造では、意味役割が付与される。その基本語順から逸脱した語順は、移動の操作により作られる。移動の操作は、談話やスコープの意味を生み出す効果を持つ。

第 2 章

カートグラフィーの基本的な考え方

2.0. はじめに

　本章では、前章で見た生成文法の基盤を念頭において、カートグラフィー研究における基本的な考えを考察する。特に、カートグラフィー研究が最新の生成文法の研究プログラムであるミニマリズムとの間で、実りの多い分担作業が行われていることを見る。特に、ミニマリズムでは問題にされなかったどのような現象がカートグラフィー研究では問題として取り上げられ、それがどのように解決されるのかを、未解決の問題をも含めて考察する。

2.1. ミニマリズムとカートグラフィー(1)：音

　前章で見たように、人間の用いる文は、2つの要素を併合していくことで作られる。では、なぜ言語は、そもそもこのような仕組みになっているのであろうか。最新の生成文法の研究であるミニマリズムという研究プログラムでは、この点が掘り下げて研究されている。そこでは、言語の音と意味が最適(optimal)に繋がる「仕組み」が研究の対象となっている。つまり、言語の音と意味の表示が、文の構造から最適に読み取れるような仕組みを提示するのがミニマリズムの目指すところである。ここで注意したいのは、言葉の音や意味という場合、あらゆる音や意味の側面が含まれている訳ではないという点である。つまり、問題になるのは、文の構造に反映することができるような音や意味の側面である。では、具体的には、言葉の音と意味のどのような側面が、文の構造から読み取られる対象になるのであろうか。

　まず音の部門には、いくつかの特徴がある。例えば、人間の話す言語においては、単語が一列に線的に並んで発音されるという特徴がある。これは、様々な音を同時にきいて音楽として認識するのとは、全く異なる特質である。そのため、言語においては、文に含まれる単語を、構造から1つ1つ一列に並べる方法が必要となる。例えば、日本語の次の表現を見よう。

（1）　並べられていた。

この表現は、「並べ」という動詞に「られ」というボイス要素の単語が後続し、次に「てい」というアスペクト成分の単語がそれに続き、最後に「た」というテンス成分の単語が生じている。

（２）a. 並べ＋られ→ボイス
　　　b. 並べられ＋てい→アスペクト
　　　c. 並べ＋られ＋てい＋た→テンス

このようにして形成される「並べられていた」という言語表現は、次の階層構造で表現することができる。

（３）［［［［並べ］られ］てい］た］

ここでは、1番低い階層である動詞から外側に向かって、新たな階層が形成されている。この階層構造から、「並べ」「られ」「てい」「た」という4つの単語をこの順番で並べるには、一番低い階層にある動詞「並べ」から始めて、階層の低い順番から高い順番に単語を配列していけばよい。その配列される順を数字で記載すると、以下のようになる。

（４）［［［［並べ(1)］られ(2)］てい(3)］た(4)］

以上をまとめると、言語の階層構造は、単語を一列の線形順序に並べて発音するということが可能な成り立ちになっている。構造とそこに含まれる要素の配列順所が上で見たように最適に繋がる論理的な必然性は、全くない点に注意しよう。言語が、上で見たような経済的な仕組みをしていることは、言語が音と文の構造を最適に繋ぐように進化したことを意味する。
　次に、言語表現が併合される単位に着目しよう。言語表現を併合する場合、その併合される言語表現の数は、前節で見たように、最小の「2」である。しかし、併合されるべき単語の数が「2」である論理的な必然性はな

い。つまり、3つの単語を同時に結合することも論理的には可能である。しかし、人間の用いる言語は、「2つ」という最小の単位を繋ぐという操作により、上で見たように単語を一列に配列して発音することが可能になっている。つまり、文を形成する仕組みは、2という最小の単位を用いることにより、最適に音と構造を繋ぐ仕組みになっている。このような仕組みを、人は進化の過程で選び取ったのである。

音のさらなる情報として、イントネーションがある。例えば、後に詳しく見るように、ある文の中で言語の要素が対比のフォーカスとして解釈される場合、そこは高いピッチで発音され、残りは平板に発音される。この事実はどのように捉えられるのであろうか。カートグラフィー研究では、この場合に、フォーカス専用の階層を設定する。その階層の主要部は、そこに生じるフォーカス要素を高いピッチで発音し、残りを平板に発音する指令を音声部門に送ると想定する。これにより、文頭に生じる対比のフォーカスの要素の文を独自のイントネーションで最適に繋ぐことが可能となる。

最後に、未解決の問題を見よう。文の階層構造に従って、単語を一列に並べる方法について(4)で述べたが、そこには、1つ暗黙の前提があった。それは、階層的に低い要素が、階層的に高い要素よりも前に生じるという前提である。これは、どうして逆ではないのであろうか。この問いに原理的な答えを与えることは、現在のところなされておらず、未解決の問題である。

2.2. ミニマリズムとカートグラフィー(2)：意味

次に、意味の側面を見よう。文と意味を最適に繋ぐ方法としては、文の持つ階層構造からその意味を読み取るという方策がある。前章で見たように、意味には2つのレベルがある。繰り返しになるが、次の議論との兼ね合いで必要となる箇所だけを、再び以下で簡単に述べる。1つ目の意味は、「誰が何をするか」という「動作をする方が誰で動作を受ける対象が誰／何であるか」という意味役割の意味である。2つ目の意味は、「文中に含まれ要素の意味がどこまで作用するか」(例えば文中のwh表現が文全体に作用する直接疑問文に解釈されるか、補文のみに作用する間接疑問文に解釈されるか)と

いうスコープや「話し手や聞き手にとって、文中の要素が古い情報か新しい情報かといった談話に関わる」意味である。これら2つの意味の表示を文の表示から直接に読み取るためには、文の階層構造が意味情報を直接に読み取れるような成り立ちであれば良い。つまり、意味の情報が文の構造に反映されて(syntacticize)いれば良い。この点を見るために、次の具体例を見よう。

(5) a. ［次郎を＋批判した］→ ［次郎を批判した］(動詞句)
　　b. ［太郎が　［次郎を批判した］］(文)

この文は、2層の構造を持つ。1つ目の層は、［次郎を批判した］という動詞を中心とする動詞句の階層で、いわゆる述部である。もう1つは、「太郎は」と述部の［次郎を批判した］の併合した層で、いわゆる文の階層である。この文が表わす意味解釈の1つは、「次郎」が「批判する」という事象において、「批判される被動者」であって、「批判する行為者」ではないという意味役割である。この「被動者」と「行為者」という意味役割を文の構造から直接に読み取るためには、(6)に見るように、動詞句の階層に生じる名詞句を「被動者」、文の階層に生じる名詞句を「行為者」と解釈すれば良い。

(6)　［太郎が　［次郎を批判した］］(文)
　　　行為者　　被動者

　さらに、意味役割の別の事例として方向を表わす表現を見よう。

(7)　太郎は花子宛に荷物を東京へ送った。

(cf. Miyagawa and Tsujioka 2004)

ここでは、荷物の移動する方向の表現が「に」と「へ」という助詞を伴い、2カ所に生じている。1つ目は、荷物を受けとる人で、もう1つは荷物の移動する場所である。多少の不自然さはあるものの、これら2つの方向に関わ

る表現は、(7)に見るように同時に生じることができる。この場合、カートグラフィー研究では、2つの方向に関する階層が設定される。1つは受け取る人の階層、もう1つは移動する場所の階層である。英語でも、「へ」と「に」に相当する表現の間に、関連性がある場合には、同時に生じることが周辺的な事例ではあるが、可能な場合がある。これらの2つの方向の階層に関しては、次章で詳細に論じる。

　文のもう1つの意味として、談話とスコープに関わる意味がある。ここで談話とは、話し手や聞き手の対話や文章の繋がりといったものが含まれる意味の情報である。スコープの具体例については、前章で述べたので、ここではごく簡単にそれを復習しよう。

（8）　太郎が次郎を批判した。

前章では、文に「と」を結合すると、補文が生じることを見た。この補文に動詞を併合した後で、主語が併合されると次のようになる。

（9）　［花子が　［［太郎が次郎を批判したと］　思う］］

さて、この文全体に「か」を結合しよう。すると、文全体は話し手が聞き手に情報を求める疑問文になる。

（10）　［花子が　［太郎が次郎を批判したと］　きいた］＋か

ここで、疑問文は「はい」か「いいえ」で答えを求める直接疑問文である。さて、ここで括弧で囲まれた補文の「次郎」を「誰」に入れ替えよう。

（11）　［花子が　［［太郎が誰を批判したと］　きいた］］か

この文は、批判された対象を話し手が聞き手に求める疑問文になる。この場

合、「誰」のスコープが主文に及んでいる。ここでは、「誰」と「か」が結びついて、「誰」のスコープが決定されている。
　一方、補文に「と」ではなく「か」を結合すると次のようになる。

(12)　［花子が　［太郎が次郎を批判したか］　きいた］＋か

この場合、「誰」のスコープは「か」を持つ補文になり、話し手は聞き手に「はい」か「いいえ」で答えることを求めることになる。これが、スコープの意味の事例である。このような場合、統一性原理を想定して、「誰」に相当する疑問表現が、「か」の階層に移動すると想定する。英語と違うのは、日本語の移動が非顕在的な移動であるという点である。カートグラフィー研究では、この移動の着地点の階層が「誰」のスコープを決定すると想定する。
　この移動の着地点が意味を決定するという考えを見るために、日本語で、「何」という疑問詞が「理由」を問う事例と「事物」を問う事例を見よう。

(13) a.　君は何を食べているのですか。
　　 b.　君は何を泣いているのですか。

(cf. Kurafuji 1996, Endo 2007, 2013)

まず、「何」という疑問詞が対象を問う事例と理由を問う事例では、否定文において異なる振る舞いが観察される。以下の違いを見よう。

(14) a.　みんな自分の嫌いな物を食べないで残していますね。君は何を食べていないのですか。
　　 b.？みんな自分の嫌いなことを思い出しながら泣かないでがんばっています。君は何を泣いていないのですか。

ここでは、両方の文の持つ「対象」と「理由」の意味が自然に問われるように談話を整えてある。しかし、そのような調整を行っても、(14a)の文は自

然に聞こえるが、(14b) の文は不自然な響きを伴う。この否定疑問文の違いは、何故生じるのであろうか。否定に関しては、次の原則が働いている。

(15)　否定島の条件：…X…否定…Y…という構造で、Y から X の位置へ
　　　　　　　　否定要素を飛び越して移動することは禁じられる。
　　　　　　　　（ただし、X は否定を c 統御し、否定要素は Y を
　　　　　　　　c 統御するような否定と同じタイプの表現である）

この原則がどのように働くかを、次の英語の文で確認しよう。

(16)　How didn't you solve the problem ＿＿＿?
　　　　X　否定　　　　　　　　　　Y

ここでは、否定と同じ量化 (quantificational) のタイプである疑問要素 X (=how) が Y の位置から否定要素 didn't を飛び越して文頭に移動している。これは、否定島の条件に違反するので、非文法性が生じる。
　日本語の場合も、非顕在的に疑問要素「何」が文頭に移動すると考えよう。この場合、理由の意味は、文頭の Int という理由を表わす疑問詞の位置により決定される。しかし、この移動においては、否定要素「ない」の階層を飛び越して移動が生じるので、次に見るように、否定島の条件により非文法性が生じる。

(17)　［Int　［君は ［否定の階層 ［何を泣いてい］ない］のです］か］。

一方、「何」が対象の意味解釈を受ける場合は、Foc という疑問のフォーカスになる位置への移動が生じる。「なぜ」や why は否定よりも高い階層に生成されるため、否定島の条件に違反しない。(cf. Rizzi 1990, Shlonsky and Soare 2011)

この「何」が理由を問う意味は Int という理由の階層に移動する以外の方法で、付与されることは不可能であろうか。これは、現在のところ未解決の問題である。例えば、英語でも次の(18)の文に見るように、日本語と同様に「何」に対応する表現 what が理由の意味に解釈することが可能な事例がある。そして、この英語の事例においても、(19)の非文法性に見るように、what の移動は否定島の条件により、非文法性が生じる。

(18)　What are you coming to US for?
　　　　　　　　　　　　　（君は何をわざわざアメリカまで来るのですか）
(19)　?What aren't you coming to US for?
　　　　　　　　　　　　　（? 君は何をわざわざアメリカまで来ないのですか）

　この英語の場合は、what が理由の意味に解釈できるのは文末に生じる for に起因する。つまり、基本語順では、what が for と共に、for what という形をしており、ここで for から what に理由の意味を付与される。その後で、移動の操作により、what が文頭に移動することで(18)の文が派生されるのである。この場合、英語においては、what は、Int という理由を表わす統語的な位置に移動する必要はなく、他の疑問表現と同様にフォーカスの位置に移動していると考えることができる。日本語の場合も、英語の for に対応する表現が「何」の隣に非顕在的に生じているとすれば、「何」が理由に解釈される事実は説明される。例えば、日本語では、次に見るように、「で」という助詞が理由を表わし、これが「何」と併合すると、(20b)に見るように理由の意味に解釈することが可能である。

(20) a.　強風で京葉線が止まっています。
　　　b.　何で京葉線が止まっているのですか。

では、日本語の場合、「何を」が理由として解釈された場合に、非顕在的に「で」に相当する表現があると考える独立した証拠はあるのであろうか。こ

れは現在のところ未解決の問題である。

　さらに、別の未解決の問題を見よう。日本語の「何」が理由で解釈される場合、それが非顕在的な「で」を持つとすれば、「何」自体は、フォーカスに位置に移動することが可能であることを見た。一方、「何を」や「なぜ」は、英語の why と同様に Int という理由の位置への移動するという考えでは、「何を」や「なぜ」が異なる着地点に移動する。そのため、「何を」や「なぜ」が、異なる着地点の階層において異なる意味解釈が付与されることが予測される。では、「何を」と「なぜ」の持つ異なる意味解釈とは、正確には何であろうか。これは、現在のところは未解決の問題である。これを解く鍵としては、これら2つの文が用いられる状況が異なるという事実がある。例えば、理由を問う「何を」と「なぜ」は、自然に生じる状況が異なる。より具体的には、「何を」は、(21a)に見るように、目の前で生じている事柄の理由を尋ねる際に用いるのが自然である。しかし、この理由の「何を」は、(21b)に見るように、抽象的な事柄の理由を尋ねる文脈では不自然に聞こえる。一方、「なぜ」は抽象的な事柄を問うことが可能である。

(21) a. 何をそんなに怒っているのですか。
　　　b. ?何を地球は丸いのですか。
　　　c. 何故地球は丸いのですか。

　さらに、2つの理由の表現の意味の違いを見るために、類型論的な視点を導入しよう。「何を」に相当する表現を用いて理由を尋ねることは、イタリア語、ギリシャ語、西フランダース語、中国語など多くの言語で可能である (cf. Endo 2013, Kurafuji 1996)。しかし、その答えに着目してみると、理由の「何」と「なぜ」に対応する表現との間には、違いが存在する。例えば、イタリア語では、「なぜ」に相当する表現を用いて理由を尋ねた場合、その答えをする人は、日本語で「え〜と、あの〜」に相当するような文の前置きの表現 Mah を用いることが可能だが、「何」に相当する表現ではそれができ

ない。むしろ、Beh を用いる。これは、「何」と「なぜ」の2つの疑問表現が、異なる談話の意味効果を持つことを示している。このような実際の対話形式の表現の研究は、現在のところほとんど解明されていない未解決の問題である。

以上、カートグラフィー研究の観点から、移動の着地点で付与される意味の性質を考察した。

2.3. 経済性

前節では、文の構造が、意味や音の情報を最適に読み取る仕組みになっていることを見た。では、そもそも文は、なぜこのような経済的な作りになっていて、別の作りにはなっていないのであろうか。この深い問いがミニマリズムでは追求されている。

この問いに対する1つの答えは、言語が用いられる脳が自然界の一部であり、文が作られる仕組みも自然界の法則性に合致するような経済的な仕組みになっているという趣旨である。ここで自然界の法則性とは、自然界の成り立ちが無駄のない仕組みになっているというのが核になる考えである。ここでいう経済的の反意語は「無駄な」という用語である。例えば、石が地面に落ちる時に、石は最小の距離を通るまっすぐな経路で落ちる。クルクルと回って遠い経路を通るような無駄足を踏むことはない。文を作る仕組みも、無駄のない仕組みになっているというのが経済性の考えである。

では、ここでいう経済的とは、言語に特有のものであろうか。答えはノーである。それは、経済性という性質が、自然界に広く見られる性質であるためである。鳥や魚の動きやその体は無駄のない経済的で効率的な動きをする仕組みになっている。さらに、人間の認識においても、似た現象は見られる。例えば、(22)の図において、横線の下に隠れた部分は、直線で繋がっていると認識される。実際、横の棒をよけて線が曲がっていたら、生後間もない赤ん坊が驚きの表情を示したという実験結果がある。これは、隠れた線の端と端を一番経済的に直線の距離で繋ぐように解釈するという、人間の視覚の成り立ちを示している。

(22)

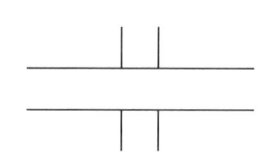

　以上をまとめると、経済性というのは、言語特有のルールではなく、自然界一般に働く一般法則の一部である。このような要因を、第3の要因（third factor）と呼ぶ。人間の言語が全てこの一般的な法則性で作られ、音と意味が文とが最適に繋がっているという考えを押し進められるかが、ミニマリズムの研究課題の1つである。

　その具体例として随意性（optionality）の事例を見よう。人の行動には、無意味で随意的な操作がない。例えば、人は意味なく冷蔵庫を開けたりはしない。少なくとも冷蔵庫を開ける時には、何らかの意図を持っている。言語においては、文を作る際に、言語表現を併合していくが、それぞれの併合の過程ででき上がる構造や階層は、意味役割の構造を構築する等の有意味な操作となっている。つまり、言語を作る操作には、新たな意味効果を伴う。無意味な言語操作はない。この考えによれば、例えば、文中の語順を無意味にそして自由に変化させる操作は、存在しないことになる。具体例を見よう。

(23) a.　次郎が本を買った。
　　 b.　本を次郎が買った。

(23b)の文は、(23a)の基本語順とは異なり、目的語の名詞句「本を」が文頭に移動している。一見したところ、この移動の操作は、何ら新たな意味効果を生み出していないように見える。つまり、移動の操作が無意味な随意的な操作のように思われる。しかし、ここで思い出さなくてはいけないのは、移動の操作が生み出す新たな意味効果は、スコープや談話の意味であるという点である。つまり、談話に関わる意味というのは、その性質上、適切な談話を設定しないと、その意味が明らかにならないという点である。それでは、

上の(23b)の移動を伴う文は、どのような談話の効果を持つのであろうか。この点を見るために、次の談話を考察しよう。(ここで、AとBは、1つの談話における異なる発話者を表わしている。)

(24)　A:　次郎が何をしたのですか？
　　　B:　次郎が本を買った。
　　　B': ?本を次郎が買った。

ここでは、話し手Aが動詞句の内容を質問している。この問いに対して、聞き手Bは、その動詞句の内容を提供しようとしている。この場合に、Bのように基本語順の文で答えることは自然な談話の流れを構成するが、B'のように目的語が文頭に移動した語順で答えると自然な談話の流れには聞こえない。これは、「本を」という要素が文頭に移動することにより、もとの位置で付与される情報のフォーカスの意味が取り去られるという談話の効果による。(情報のフォーカスについては、後に詳しく述べる。)つまり、(24B')の発話では、移動により「本を」という表現から疑問の答えとなるフォーカスの意味が取り去られているのである。その結果、「本を」は、疑問のフォーカスの答えとして解釈するのが難しくなっている。このように、移動操作によりフォーカスの効果を取り去ることを、脱フォーカス(de-focalization)と呼ぶ。ここから、一見したところ新たな効果を生み出さないかのように見える移動操作が、実は新たな談話の意味効果を生み出していることが確認される。カートグラフィー研究では、このような場合、移動する要素の着地点の階層が、この脱フォーカスの階層であると想定する(cf. Endo 2007)。この移動により、脱フォーカスの連鎖が形成され、その連鎖が意味解釈される際に、連鎖から脱フォーカスの意味が読み取られるのである。

　さらに、一見したところ任意の言語操作があるように見える別の事例として、次の文を考察しよう。

(25) a.　全員が本を買わなかった。　　　　　　　(cf. Miyagawa 2001)

b.　本を全員が買わなかった。

　(25a)の文は、基本語順の文である。この場合には、主語の「全員」が否定表現「ない」よりも広いスコープを持ち、全文否定の文として解釈される。一方、(25b)は、目的語が文頭に移動している文である。この場合には、否定表現「ない」の方が主語の「全員」よりも広いスコープを持つ部分否定の文として解釈することが可能となっている。つまり、目的語「本」の移動操作が、新たなスコープの意味を生み出している。カートグラフィー研究では、このような場合、目的語が主語の階層に移動すると想定する。この主語の階層は、移動により目的語で埋められると、主語の「全員」の移動先とはならない。つまり、「全員」が、もとの否定よりも階層にとどまることになる。その結果、主語の「全員」は、否定よりも低い位置で部分否定の解釈を受けることが可能となる。(後に詳しく述べるように、ここで主語の階層とは、「〜についていえば」(aboutness)という事象を述べる出発点となる、叙述(predication)に関わる意味が付与される階層である。)

　さらに任意の操作に見える別の例として、主格の「が」が所有格の「の」に交替する現象を見よう。この格の交替は、「太郎が見た絵」と「太郎の見た絵」という表現に見る現象である。ここでは、名詞とそれを修飾する文が修飾の関係で繋がれた場合、その文の主語が「の」を伴うか「が」を伴うか2つの選択肢がある。一見したところ、この2つの選択肢において、どちらの表現も、意味は異ならないように見える。つまり、格の交替は、新たな意味な効果を伴わない随意的な操作のように見える。しかし、この格の交替には、その表現を単独で取り出しただけでは分からないような談話に関わる意味の違いがある。例えば、「が」が「の」に交代すると、後にも述べるように、前の談話で言及されている古い情報を表わす。この考えは次の事実により支持される。「見知らぬ人」や「ひと」という名詞表現は、話し手や聞き手にとって馴染みのある古い情報とは考えにくい名詞である。この場合、「の」と「が」で異なる容認性の差が生じる。

(26) a. 見知らぬ人が／?のやって来た時間
　　 b. 人が／?のちらほら来た頃

この「の」と「が」で情報構造が異なる点を、さらに次の表現を見ながら確認しよう。(27)に見るように、「が」と「の」が交替可能な場合、「の」の形は、新たに要素を取り立てる「さえ」などの取り立て助詞がつくと、据わりが悪い表現となる。

(27)　太郎さえが／?の泣いている理由　　　　　　　　（cf. 原田 2008）

これは、「の」を伴う名詞表現が古い情報を表わすため、取り立て助詞の新しい情報と整合しにくいためである。このような場合、カートグラフィー研究では、「が」と「の」を伴う名詞表現が異なる階層に生じると想定する。この性質については、次の章で詳しく述べる。
　以上、日本語の任意の移動や操作は実は任意ではなく、新たなスコープや談話情報等の意味効果を生み出すことを見た。

2.4. 経済性とインターフェイス

　以上、言語がそもそもなぜある構造を持つのかという問いに対して、2つの要因が働いていることを見た。1つ目は、音と意味が最適に繋がるという音と意味の「インターフェイス」からの要請で、2つ目は、言語操作に無駄がない「経済性」を備えているという要因である。ミニマリズムにおいてもカートグラフィー研究においても、「経済性」と「インターフェイス」という概念は、重要な役割を演じる。
　この経済性とインターフェイスに焦点を当てて言葉を見た場合、その成り立ちは、非常に単純な操作ということとなる。例えば、文の基本構造は、言語要素を経済的に2つ取り上げて併合するという操作だけとなる。移動が生じる場合にも、それは談話やスコープの意味に関わるインターフェイスの要請による。

つまり、文の表示は、文の意味と音の情報が読み取られるための最小の道具立てから成り立つ。しかし、この事実は、最小の道具立てにより生じる文も、最小の表現力を持つことは意味しない。むしろ、言語は、この最小の道具立てにより、非常に豊かな表現力を生み出す。例えば、物語や複雑な思考が生み出される。そして、その最小の道具立てにより作られる様々な世界中の言語は、非常な多様性に満ちているようにも見える。しかし、その構造や成り立ちを見ると、それは表面的な差異に過ぎず、実際には、言語間の差異は非常に少ない。

では、単純な仕組みにより作り出される世界中の様々な言語の多様性は、どのように生じるのであろうか。その出所として、併合される要素そのものの豊かさを追求するのがカートグラフィー研究の1つの特徴である。そこでは、併合される要素の豊かな内容を重要視して、言語の持つ多様性を捉えようとする。この詳細は、本書の随所で紹介する。

2.5. 言語の多様性と言語習得

次に、最小の道具立てにより、どのように世界中の言語に見る多様性が生み出されるかを、言語習得との兼ね合いで考察しよう。世界中の言語の多様性の1つの出所として、同じ物を表わすのに、異なる音や記号を単語に割り当てるという恣意性（arbitrariness）の性質がある。例えば、同じ木という事物を表わすのに、英語ではそれをツリーと発音し、ドイツ語ではバームと発音する。

しかし、それ以上に、言語間には文の構造の点でも、多様性があるように見える。例えば、日本語では、「太郎をぶった」に見るように動詞が目的語の後ろに生じるのに対して、英語では hit Taro に見るように動詞が目的語の前に生じるといった違いがある。

(28) a. ［太郎をぶった］
　　 b. ［hit Taro］

文を作る仕組みが単に2つの言語要素を併合する操作であるのなら、このような言語間の多様性は、どのように捉えられるのであろうか。ミニマリズムでは、前章でも触れた統一性原理(Uniformity Principle)を研究を指針として用いる。つまり、子供が言語を習得する過程で経験する情報を除いては、人の操る言語に大差はないと考える。例えば、句の中心が英語では前に生じるが、日本語では後ろに生じるという情報は、言語習得の段階で子供が触れる事実である。そのため、ここには、言語間の差異が認められる。しかし、句の中心と他の要素を併合する操作は、子供が言語習得をする際に触れる情報ではないので、言語間において違いはなく、すべての言語において同一であると想定される。

では、統一性原理において、言語が同じという場合の「同じ部分」と「異なる部分」とは、どのようなものであろうか。ミニマリズムの研究が辿り着いた答えは、言語の構造に関わる差異は、名詞や形容詞といった語彙範疇にあるのではなく、機能範疇にその出所があるという趣旨の結論である。具体例を見よう。日本語では、(29)に見るように、動詞に「る」や「た」という機能範疇であるテンスの要素が併合されるが、それと連動して、「が」格が認可される。

(29) a. 太郎が歩いた。太郎が歩く。
    b. 太郎の／＊が歩き方。

これは英語にも共通で、he などの主格の代名詞はテンスがあると生じるが、不定詞の環境では生じない。

(30) a. He walked.
    b. *He to walk

この環境で日本語が英語と異なるのは、テンスという機能範疇が主格をいくつ認可するかという点にある。例えば、日本語では、(31)に見るように、

テンスが複数の主格の「が」を認可することが可能である。一方、英語では、テンスのある文において、複数の主格が認可されることはない。

(31)　日本人が男性が寿命が短いこと

　以上をまとめると、テンスという機能範疇は、複数の主格を認可するか（＝日本語）、1つだけ主格を認可するか（＝英語）という構造に関わる差異を持つのである。この言語の違いを生み出す因子であるパラメターは、テンスという機能範疇に限られる。そのため、子供は構造を習得する際に、語彙範疇には注意を払う必要がない。これにより、言語習得にかかる負荷が非常に軽減されるのである。

　では、子供が注意を払うべき機能範疇は、一体いくつあるのであろうか。この包括的な研究は、カートグラフィー研究で行われている。かなりの量はあるが、重要なのは、その機能範疇の収納場所である。機能範疇は、辞書(lexicon)に収納されるので、その数がかなり多くとも驚くには当たらない。それに加えて、普遍的に備わっている機能範疇のすべてが使われる訳でもないので、その数はかなり少ない。喩えを使うと、子供は母語の発音を習得する際に、母語で優位に働く音を選び出し有意味でない音は忘れるという作業をする(learning by forgetting)。例えば、舌打ちの音はイヌイットという言語では有意味であるが、日本語や英語では有意味ではない。そのため、その差異は日本語や英語では忘れ去られる。ここで重要なのは、子供は生まれた時に、あらゆる言語で有意味に働く音のリストを頭の中に持って生まれてくるという点である。これは、文法における機能範疇でも同様のことが当てはまる。子供は生まれた時に、一連の機能範疇を持って生まれる。そして、言語習得の段階で、生得的に子供が持つ階層的な機能範疇のうち、どの機能範疇をどの規則に使うかを習得する。（ちなみに、このような考えを採用しない理論では、1つ1つの機能範疇をどのような組み合わせで、どの規則に使うかを決めなければならず言語習得は困難を極める。）カートグラフィー研究では、機能範疇とその階層構造は、生得的に与えられていると想定する。つま

り、機能範疇の階層構造を1つ1つ習得するのではない。具体例を見よう。

(32) a. 太郎が背が高い。
　　 b. 太郎は背が高い。

ここでは、(32a)の文の2つの「が」格のうちの1つが、(32b)の文においては、「は」を伴っている。この場合、「は」を伴う「太郎」は、談話の中で既に聞き手が了解済みと想定して、話し手が提示する古い情報(トピック)であると解釈される。この事実は、「は」自体がトピックを示す要素であることを意味しない。例えば、(32b)の「が」を伴う「背」という表現が文頭に生じると、それは、(33)に見るように、トピックとして解釈可能である。そして、その場合、「は」を伴う「太郎」が「花子ではなくて太郎」という意味の対比のフォーカスとして解釈することが自然となる。

(33) 背が太郎は高い。

この事実は、トピックの意味解釈をするための位置が、文頭にあることを示している。つまりトピックの機能範疇が、文頭に階層として与えられているのである。ここでも言語間の差異は、やはり見られる。例えば、日本語や英語では、名詞が占めるトピックの位置は、1つに限られるが、イタリア語では、複数の名詞要素がトピックとして文頭に生じることが可能である。つまり、名詞のトピック位置が複数あるか(＝イタリア語)、1つだけか(＝日本語や英語)といったパラメターの選択肢がある。イタリア語の母語話者は、トピックの節で述べるように、イントネーションにより、トピック要素を見分けることができるので、文頭に複数のトピック要素が生じることを言語習得の段階で習得するのである。一方、日本語の母語話者は、言語の習得段階で、複数の名詞要素がトピックとして生じる事例と経験的に遭遇することがない。その結果、文頭の名詞のためのトピックの階層に生じる要素の数は1つという事実を習得できるのである。

次に、このトピックに関わる事実を、類型論的な観点から見よう。例えば、グンベ語をはじめとする多くの言語においては、トピックの要素は文頭に生じ、ある形態素を伴う。カートグラフィー研究では、トピックの階層が生まれつき文頭の位置に備わっていると想定し、その階層の主要部がグンベ語では発音されると想定する。一方、英語では、(34)に見るように、トピック要素は、同じく文頭に生じはするものの、トピックを表わす形態素を持たない。

(34)　Mary, John likes.

　この事実は、英語がトピックの機能範疇を持たないことは意味しない。むしろ、上の文においては、Maryというトピックに解釈される要素は、グンベ語や日本語と同じく、トピックに特有の高いピッチを持って発音され、その後ろが下降調になるという共通する性質を持つ。このように(i)音や(ii)意味と(iii)統語位置に間に共通性が見られる場合に、カートグラフィー研究では、それ専用の階層を想定する。上の事例では、文頭にトピックの機能範疇を設定する。英語の場合、トピックの階層の主要部は、Maryにトピックのイントネーションを付与する。そして、意味の面では、トピック要素とその後ろを「〜についていえば〜」という解釈により繋ぐ解釈を付与する。これらは、英語とグンベ語で共通しており、異なるのは、トピックの主要部が形態素で発音されるかされないかという点のみである。つまり、英語の母語話者は、言語習得において、トピックの機能範疇を発音しないという選択肢を選び、グンベ語では発音するという選択肢を選ぶという最小限の違いがあるだけなのである。日本語にも、同じことが当てはまる。つまり、「は」を伴う名詞句が、文頭でトピックの階層に生じると、それは、トピックに解釈され、トピックのイントネーションで発音される。
　以上、言語習得の研究においては、機能範疇の持つ性質とそのパラメーターなる選択肢の持つ役割を見た。このカートグラフィー研究における、パラメーターの持つ選択肢は、以下のようにまとめることができる。

(35) a. 機能範疇の配列は、生得的に備わっている。
　　 b. 機能範疇は、要素を右に併合するか左に併合するかという選択肢を持つ。
　　 c. その機能範疇により形成される新たな領域の中心（主要部）が発音されるか、発音されないかという選択肢を持つ。
　　 d. 新たに形成される領域に顕在的な要素が移動により占められるか否か、という選択肢を持つ。

カートグラフィー研究では、様々な言語におけるトピックやフォーカスなどの「共通」の階層に関して、それが文の構造の中でどこに位置するかを、言語間の差異を見ながら探る。これにより、普遍文法が初期の段階で持つ言葉のひな形を探るという手法をとる。ある意味で、言語習得された後の日本語や英語といった個別言語は、パラメターの選択により普遍文法が初期の段階で持つひな形に手が加えられてしまっている。この差異を認識しながら、世界中の言語が選び取られる前の文のひな形を再現することにより、生まれた時に与えられている普遍文法の性質を探るのがカートフラフィー研究の醍醐味である。（トピックやフォーカスといった個別の事例に関しては、後の章を参照のこと。）

2.6. 文の外側

本節では、文頭や文の外側で付与される事例を見ながら、カートグラフィー研究で想定されている機能範疇の階層構造を簡単に紹介する。（詳しくは次章以降で述べる）現在までのところ、文頭で付与される統語的な階層としては、以下のものが認定されている。

(36)　Force Top* Int Top* Foc Mod* Top* Fin IP　　（cf.Rizzi 2004）

まず、一番高い階層に属するForceは、「疑問」「肯定」「命令」といった文のタイプ（clause type）を表わす。例えば、「行きます」（肯定）と「行きますか」

（疑問）と「行きましょう」（勧誘）などの差を表わす階層である。一方、一番下の Fin は、文の定性 (Finiteness) を表わす階層である。例えば、「行くの」の「の」はその前の文が時制を持つ定形の文であることを示し、「行き方」の「き」はその前の文が、時制を持たない不定形の文であることを表わす。そして、Force と Fin の間には、トピック (Topic: Top) という古い情報、フォーカスという取り立ての情報を表わす階層がある。疑問詞は、通例は疑問のフォーカス (Focus: Foc) になるので、フォーカスの階層に生じる。しかし、「なぜ」や why は、すぐ後で見るように、他の疑問詞とは異なる振る舞いが見られ、類型論的に生じる位置も他の疑問詞とは異なるので、Interrogative (Int) という別の階層が割り当てられている。

　従来の生成文法では、この文頭の豊かな領域は、補文句 (Complementizer Phrase: CP) という単一の統語的な階層が想定されていた。カートグラフィー研究により、この CP が上に見るように分化していることが明らかにされた。ここで注意すべきは、トピックやフォーカスといった談話やスコープに関わる要素が生じない場合は、Force と Fin の間にある機能範疇は活性化されず、Force と Fin が融合した (syncretic) 単一の形式を持つ点である。つまり、カートグラフィー研究の新しい点は、文頭に談話に関わる要素が生じた場合に、Force と Fin の間の領域が活性化され、(36) に見る分析的 (analytic) な豊かな階層構造を持つと想定する点にある。これにより、談話に関わる複数の要素が文頭に生じた場合、その配列が談話の階層構造により決定され、その意味も自動的にその階層の要素に付与される (cf. Rizzi and Shlonsky 2006)。

　では、文頭に様々な談話に関わる階層を想定する考えの具体例を見よう。この考えの利点の1つとして、日本語や英語といった個別言語の特殊性と一般性を明らかにすることができるという点がある。この点を、次の例を見ながら考察しよう。

(37) a. 君は何を食べているの。
　　 b. 君は何を泣いているの。

c. 君は何故泣いているの。

(37a-b) の 2 つの文は、両方ともに、疑問表現「何を」を持ち、その情報を話し手が聞き手に求めている点で共通している。これらの文の主たる違いは、(37a) の文においては、「何」が食べる「対象」の情報を話し手が聞き手に求めているのに対して、(37b) の文においては、同じ「何」が、泣いている「理由」の情報を話し手が聞き手に求めている点にある。この違いは、「何」が非顕在的に文頭のどの階層に移動するかにより説明可能となる。つまり、(37a) の文は、「何」が他の wh 表現と同様に、フォーカス (Focus) の位置に移動することで、「何」が疑問のフォーカスとして解釈される。一方、(37b) の文では、(37c) の文に見る「何を」や「何故」といった疑問表現が、理由の疑問 (Int) の位置に移動することにより、理由を問う疑問表現として解釈される。

　このように、カートグラフィー研究では、談話に関わる意味が文頭のどういった意味の階層に移動するかを解明することで、統語表示からその意味が直接に読み取れるように文を構造化するのである。

第3章

日本語の単文構造

3.0. はじめに

　第1章と第2章では、ミニマリズムとカートグラフィー研究の基本的な考え方を、日本語の実例を交えて紹介した。本章以降では、実際に、日本語がカートグラフィー研究で貢献することが期待されるトピックを中心に考察する。本章では、特に「単文」の構造に焦点を当て、現在のところ未解決となっている問題を含めて紹介する。

3.1. 日本語の文の構造

　前章までで見たように、文の骨組みは述語からはじめて、1つずつ言語要素を併合していくことにより形成される。つまり、述語が文形成の出発点となる。以下が、日本語の述語の例である。

（1）a.　太郎が走った。（動詞）
　　　b.　太郎が背が高い。（形容詞）
　　　c.　太郎は正直です。（形容動詞）
　　　d.　太郎は学生です。（名詞）

ここでは、「名詞」「形容詞」「形容動詞」「動詞」が述語となり、単文が形成されている。日本語では、次に見るように、述語の後ろに様々な機能語が併合されることにより、新たな階層が形成される。

（2）　並べ　させ　られ　てくれ　てい　ない　ようだ　ね
　　　動詞　使役　受け身　受益　アスペクト　否定　テンス　話者ムード　対人ムード

以下では、これら文を作る際の骨組みとなる機能範疇の特徴を考察する。

述語

　文を作る出発点となるのは、典型的には動詞である。しかし、動詞以外にも様々な範疇が述語として働き、それが文を作る際の出発点になることがで

きる。述語には、「名詞」「形容詞」「形容動詞」「動詞」が含まれる。これらの範疇は、まず、「名詞」「形容詞」「形容動詞」「動詞」といった範疇に関して指定のない根の単位(以下、√で表示)に、範疇を指定する機能語が併合して、「名詞」「形容詞」「形容動詞」「動詞」といった特定の範疇の述語が形成される(cf. Halle and Marantz 1993)。

(3) a. √見+動詞の機能範疇=(見)
　　 b. √美+形容詞の機能範疇=(美し)
　　 c. √奇麗+形容動詞の機能範疇=(奇麗な)

各々の機能範疇は、発音される場合と発音されない場合とがある。日本語で機能範疇が発音される場合、それは活用語尾となり具現される。
　これら述語を形成する「名詞」「形容詞」「形容動詞」「動詞」という範疇の間には、共通点と相違点がある。この共通点と相違は、次の諸テストにより識別することができる。

「みたい」テスト:「みたい」という表現と結合が可能か。
(4) a. 男みたい(名詞)
　　 b. 静かみたい(形容動詞)
　　 c. *美しみたい(形容詞)
　　 d. *食べみたい(動詞)

「(れ)ば」テスト:「(れ)ば」という表現と結合が可能か。
(5) a. *先生れば(名詞)
　　 b. *静かれば(形容動詞)
　　 c. 美しければ(形容詞)
　　 d. 食べれば(動詞)

「そう」テスト:「そう」という表現と結合が可能か。
（6）a. *男そう(名詞)
　　　b. 静かそう(形容動詞)
　　　c. 美しそう(形容詞)
　　　d. 食べそう(動詞)

「ずいぶん」テスト:「ずいぶん」という表現と結合が可能か。
（7）a. *ずいぶん男(名詞)
　　　b. ずいぶん静か(形容動詞)
　　　c. ずいぶん美しい(形容詞)
　　　d. ずいぶん食べる(動詞)

「さ」テスト:「さ」という表現と結合が可能か。
（8）a. *先生さ(名詞)
　　　b. 穏やかさ(形容動詞)
　　　c. 美しさ(形容詞)
　　　d. *行きさ(動詞)

「とても」テスト:「とても」という表現と結合が可能か。
（9）a. *とても先生(名詞)
　　　b. とても穏やか(形容動詞)
　　　c. とても奇麗(形容詞)
　　　d. *とても走る(動詞)

取り立てテスト:取り立ての表現「さえ」「すら」「も」と結合が可能か。
（10）a. 花子さえ、花子すら、花子も(名詞)
　　　b. *美しさえ、*美しすら、*美しも(形容詞)
　　　c. *奇麗さえ、*奇麗すら、*奇麗も(形容動詞)
　　　d. 食べさえ、食べすら、食べも(動詞)

現在のところ未解決の問題として、形容動詞の範疇がある。形容動詞がどのような範疇であるかについては、現在のところ未解決の問題である (cf. Miyagawa (1987), Ohkado (1991))。

3.2. 動詞句の階層

前節で見たように、名詞や動詞といった語彙範疇に関して中立的な語幹に機能範疇 (F) が結合されることで名詞や動詞が形成される (=11a-b)。そして、その機能範疇は、(11c) に見るように、目的語を右に併合するか左に併合するかについての指定を持つ。この指定により、日本語と英語の語順の差が生じる。このように、動詞と目的語が併合することで述部に相当する動詞句が形成される。

(11) a. $\sqrt{並べ}$ + F $\Rightarrow$ 並べる (動詞)
　　 b. $\sqrt{arrange}$ + F $\Rightarrow$ arrange (V)
　　 c. F (日本語) = 目的語の名詞句を前に併合する「本を並べる」
　　　　F (英語) = 目的語の名詞句を後ろに併合する [arrange books]

3.3. 使役の階層

動詞に「させ」という要素が併合すると、使役の意味を表わす階層が形成される。(以下、テンスを表わす「た」や「る」も同時に表記する。)

(12)　母親が子供を走ら - せ - た。

走　　　らせ　られ　　てい　　　　な　　かった　ようだ
動詞　　使役　ボイス　アスペクト　否定　テンス　ムード

(12) の文は、走る行為者である「子供」が「を」を伴い、その行為を母親が「強制的」にさせたこと表わしている。一方、次に見る (13) の使役の文では、走る行為者である「子供」が「に」を伴い、その行為を母親が子供に「許可」

したことを表わしている。

(13)　母親が子供に走ら - せ - た。

この「許可」の「に」使役文は、「自由に」とか「好きなように」という副詞を添えることで確認できる。逆に、強制という意味は、自由にする行為と意味的に整合しない。そのため、これらの修飾表現が生じると、意味的に変則的な響きの文となる。

(14) a.　母親が子供に好きなように走ら - せ - た。
　　　b. ?母親が子供を好きなように走ら - せ - た。

　ここで、使役文においては、行為の主体である名詞表現が「が」ではなく、「に」や「を」という格成分を伴う点に注意しよう。動作の主体は、典型的には主語で、それは「が」という格助詞を伴う。しかし、使役文においては、行為の主体である人物が「に」や「を」といった格助詞を伴うのである。カートグラフィーでは、これらの要素が、後に詳しく述べる「主語の階層」を占めると想定する。使役文における「に」や「を」を伴う名詞表現が主語の階層を占めることは、次の事実により確認される。まず、「自分」という表現を見よう。この「自分」は、(15)の文に見るように、その先行詞が主語に限られるという特徴を持つ。

(15)　太郎が花子に自分の話をした。

この文においては、「自分」は主語である「太郎」を指すことは可能であるが、目的語である「花子」を指すことはできないことが示されている。これは、「自分」が主語の階層に生じる名詞表現を指すという性質による。一方、英語では、「自分」に相当する self 形の先行詞は、主語も目的語も可能である。例えば、次の英文では、himself の先行詞は、主語の John とも目的語の

Mike とも解釈することが可能である。

(16) John told Mike about himself.

この「自分」という表現が主語の階層に生じる要素を指すという事実を念頭において、次の使役文を見よう。

(17) a. 母親が子供を自分の部屋で走ら-せ-た。
   b. 母親が子供に自分の好きなように走ら-せ-た。

ここでは、「に」や「を」を伴なう名詞が、「自分」の先行詞として解釈することが可能であることが示されている。ここから、「に」や「を」を伴なう名詞が、主語の階層に生じていることが確認される。これを図示すると、以下のようになる。

(18) a. ?母親が［子供を自分の部屋で走ら］-せ-た。
         主語位置
   b. 母親が［子供に自分の好きなように走ら］-せ-た。
         主語位置

上の使役文の構造においては、カッコで囲まれた部分が文をなしており、全体で2つの文からなる複文の構造を持つ。この場合、括弧の中で下線を施された名詞表現が主語の階層に生じている要素である。このような複文からなる使役文を統語的使役文 (syntactic causative) と呼ぶ。
　一方、日本語の使役の文には、単文の構造を持つ語彙的使役文 (lexical causative) もある、例えば、次の文を見よう。

(19) a. 母親が子供に自分の服を着-させ-た。
   b. 母親が子供に自分の服を着せ-た。

ここで、(19a)の文が動詞「着」に「させ」という使役の形態素を伴うのに対して、(19b)の文は、「着」に「せ」という使役の形態素を伴う最小対立(minimal pair)の文である。そして、(19a)の文では、「自分」の先行詞が「子供」にも「母親」にも解釈可能なのに対して、(19b)の文では「自分」の先行詞が「子供」に解釈することは不可能である。この違いは、次のように説明される。(19a)の文は、(20a)に見る2つのカッコで囲まれた複文の構造を持つ統語的使役文である。つまり、この文は2つの主語の階層を持つため、それぞれの主語の階層に生じる名詞表現を、「自分」が先行詞として解釈することができる。一方、(19b)の文は、(20b)に見る1つのカッコで囲まれた1つの文からなる単文構造を持つ語彙的な使役文である。この場合、唯一の主語の階層に生じる「母親」だけが「自分」の先行詞になることが可能となる(柴谷1978)。

(20) a. ［母親が［子供に自分の服を着］- させ - た］。
　　　　　主語　　　主語
　　 b. ［母親が子供に自分の服を着せ - た］。
　　　　　主語

　最後に、使役文において、主語がなぜ「が」でなく「を」や「に」を伴うことが可能であるかを見よう。「が」は、後に見るように、テンスと呼応する関係を持つ。例えば、次の対比を見よう。

(21) a. 太郎が失敗した。
　　 b. *太郎が失敗

(21a)の文では、「た」というテンス成分があるため、「太郎」が主格の「が」を伴うことが可能となっている。一方、(21b)の文では、テンス要素がないため、主格の「が」が生じることが不可能となっている。この点を念頭において、次の使役文を見よう。

(22) ?［母親が［子供が走ら］せ］た。

この使役文においては、「た」というテンス要素が生じているが、動作の主体である「子供」は主格の「が」を伴うことができない。これは、格の認可が「局所的」な領域で生じるという事実による。この場合の「局所的な領域」とは、ある要素の力が働く領域を意味する。より正確には、ある要素の力が局所的に働くのは、より近くに同じ力を持つ別の要素がない場合を意味する。使役文においては、「格を付与するという力」が問題の力である。局所的な領域は、次のように定義される。

(23) ... X ... Z ... Y ...
　　　という構造において、XのカがYに及ぶ局所的な領域は、
　　　間に同じ力を持つより近い機能範疇Zがない最小の領域。

上の(22)においては、「が」という格を付与する力を持つのは、テンス要素「た」であるが、それよりも近くに、「に」や「を」という使役の格を付与する力を持つ使役の形態素「せ」が生じている。そのため、「た」というテンスは括弧の内部の「子供」に対して格を認可する力が及ばない。その結果、「た」というテンス要素が、「子供」に「が」という主格を付与することができないのである。

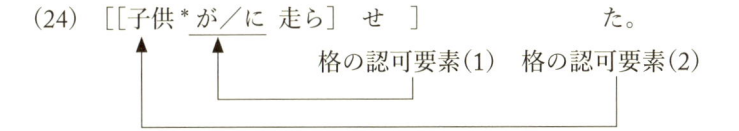

(24) ［［子供＊が／に 走ら］せ　］　　　　た。
　　　　　　　　　　　　　　格の認可要素(1)　格の認可要素(2)

ここで働く局所性の効果の一般性を見るために、次の英語の構文を見よう。

(25) a. John thinks ［him to be honest］.

b. John thinks [that he/*him will be honest].

　(25a)の文では、カッコで囲まれた文の主語 him と主節の動詞 think の間に他の格を付与する要素が介在していない。つまり、think と him は同じ局所的な領域にある。そのため、think の対格を認可するという力が him まで及んでいる。その結果、カッコ内の主語は him という対格になっている。一方、(25b)の文では、カッコで囲まれた文の主語 he には、主節の動詞 think よりも近い格を付与するテンス要素 will が介在している。つまり、think と him/he は局所的な領域になく、むしろ、will と him/he が同じ局所的な領域にある。そのため、think の対格を認可するという力が括弧の内部の him まで及ぶことはない。むしろ、カッコ内で主語 he と局所的な領域にあるテンスを表わす will により、he という主格が認可されるのである。

　さらに、(25a)の英文では、カッコで囲まれた文の主語 him と主節の動詞 think の間に、他の機能範疇が介在していない点に注意しよう。ここでは、think の持つ主観的な思い込みの意味が him まで及んでいる。そのため、カッコ内の主語は、John の主観的な判断(subjective judgment)の対象となる。例えば、主語が思い込みの対象にならない次の客観的な内容の文は、容認されない(cf. Borkins 1985)。

(26)　?John thinks the earth to be round.

　日本語でも同様に、「を」でマークされた補文の主語は、(27b)に見るように、主節の「思う」という述語の主観的な判断の対象になる。一方、(27c)に見るように、「地球が丸い」という客観的な事実は、主観的な判断の対象とならない。そのため、この構文においては、「を」が動詞「思う」により格を付与されると、据わりが悪い文となる。

(27) a.　太郎は［花子をかわいく］思っている。
　　 b.　太郎は［花子をかわいいと］思っている。

c. ?太郎は地球を丸く思っている。
cf. 太郎は地球が丸いと思っている。

ここで、(27a)の文では、(27b)の文とは異なり、補文の述語「かわいく」が形容詞のテンスである「い」を持たない。そのため、主文の「思う」が補文の「花子」と局所的な関係を持つことにより、「を」格を付与し、それと同時に、「思う」の持つ「主観的な判断」が「花子」まで及んでいる。一方、(27c)の文に見るように、地球が丸い客観的な事実は、主観的な判断とは相容れないため、「を」格を持つと響きが悪い文となる。

　使役文における現在のところ未解決の問題を見ると、「に」と「を」という異なる格表示が同じ主語の階層にあるという考えが、妥当であるのか。そして、「に」と「を」を伴う名詞表現が、主語の階層で付与される意味と、強制や許可の対象の2つの意味が付与されることは妥当なのか。これら2つの問題は現在未解決の問題である。前に見た局所的な簡素化の考えによれば、1つの階層には、1つの意味だけが付与される。すると、「に」と「を」が主語の階層を占め、それと同一指示の名詞表現が強制や許可の対象の意味が付与される階層を占めることになる。この正確な統語構造は、現在未解決の問題である。さらに、そもそもなぜ強制の使役文には「を」が生じ、許可の使役文には「に」が生じるのかも、現在のところ未解決の問題である。

3.4. ボイスの階層

　動詞および使役の階層に、「られ」が併合するとボイスの階層が形成される。

並べ　させ　られ　　てい―――な――かった――ようだ
動詞　使役　ボイス　アスペクト　否定　テンス　ムード

ボイスには、能動態と受動態がある。日本語の受動態には、2種類あり、1つ目は、他動詞からのみ形成可能な直接受動態（direct passive）で、2つ目

は、自動詞からも形成可能な間接受動態（indirect passive）である。直接受動態は、動作主を表わす表現である「〜によって」を伴うことが可能かという基準によって識別することができる。次の具体例を見よう。

(28) a.　食べる。（他動詞）
　　 b.　太郎によって食べられる。（直接受動態）
　　 c.　雨が降る。（自動詞）
　　 d.　*雨によって降られる。（直接受動態）
　　 e.　雨に降られる。（間接受動態）

ここで、(28b)の文は、他動詞「食べる」から形成される直接受動文なので、「〜によって」という表現により動作主を表わすことが可能となっている。一方、(28d)の文は、自動詞「降る」から形成される間接受動文なので、「〜によって」という表現により動作主を表わすことが不可能となっている。

　日本語の直接受動態の文は、英語の受動態の文と同様に、目的語が主語の階層に移動することにより形成される。まず、日本語の直接受動態の文で移動が関与している証拠を、遊離数量詞の事例を見ながら考察しよう。遊離数量詞（floating numeral quantifier）とは、「2人」「3本」などの名詞を修飾する数量表現で、その被修飾要素から遊離している、次に見る事例である。

(29) a.　［3人の学生］がピザを食べた。
　　　　（数量表現「3人」が「学生」から遊離していない事例）
　　 b.　［学生］が［3人］ピザを食べた。
　　　　（数量表現「3人」が「学生」から遊離している事例）

まず、遊離数量詞は、それが修飾する名詞の隣の位置に生じるという局所的な関係が要求される。例えば、次の文では、数量表現の「3人」とそれを修飾する名詞表現「学生」の間に別の要素「ピザを」が介在しているため、その2つの要素の間には局所的な関係がない。その結果、この文は、据わりの

悪い文となっている(cf. Miyagawa 1989)。

(30) *［学生］がピザを［3人］食べた。

しかし、直接受動文においては、(31a)に見るように、数量表現の「3つ」と被修飾要素の「ピザ」との間に他の要素が生じていても、文法的な文となる。

(31) a. ［ピザ］が学生によって［3つ］食べられた。
　　 b. ［ピザ］が学生によって［ピザ3つ］食べられた。

　(31b)では、意味上の目的語である「ピザ」が、移動前には動詞の階層にあることと、それが主語の階層に移動することが示されている。移動が生じる前、動詞句の階層で、「ピザ」と「3つ」は、隣接する局所的な関係にある。「ピザ」は、主語の階層に移動するが、その際、移動前と移動後の要素は、連鎖で繋がれる。連鎖の定義により、先頭は発音されるが、もとの位置は発音されない。この場合、発音されないもとの位置には「ピザ」のコピーが存在しているので、「ピザ」が動詞句内で隣接する局所的な関係にある。そのため、この文は文法的な文となる。以上の説明は、以下の表示により表わすことができる。

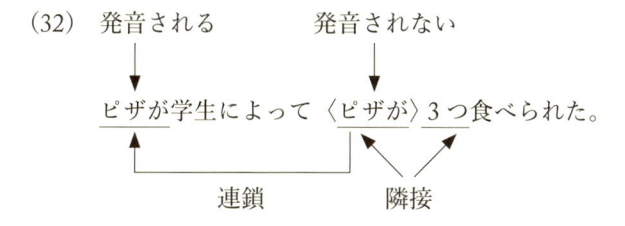

(32)　発音される　　　発音されない
　　　　　↓　　　　　　　↓
　　　ピザが学生によって〈ピザが〉3つ食べられた。
　　　　↑_____|　　　↑___↑
　　　　　　連鎖　　　　　隣接

ここでは、移動前の発音されない要素が、数量表現の「3つ」と隣接していることが示されている。この隣接する局所性の関係が成り立つため、この文

は、「ピザ」と「3つ」を結びつける解釈が可能となる。

　このような現象は、移動が関与しない間接受動文には見られない。つまり、間接受動文の例においては、「3人」という要素がその修飾する要素である「男」から遊離しない文(33a)は文法的だが、遊離した文(33b)は非文法的である。これは、間接受動文においては、移動が関与していないためである。つまり、(33b)の事例においては、「男」と「3人」が隣接する表示がないため非文法性が生じるのである。

(33) a.　［3人の男］が女に泣かれた。
　　 b.＊［男］が女に［3人］泣かれた。

　次に、能動文と受動文の関係を意味解釈の点から見よう。カートグラフィー研究においては、後に詳しく見るように、主語の階層が想定される。その主語の階層に生じる要素は、それに後続する要素に対して、「主語要素についていえば〜」という叙述の意味解釈が付与される。つまり、能動文と受動文は、意味解釈が異なる。能動文は、その基底の主語について語る文となり、一方、受動文は、意味上の目的語について語る文となるのである。

(34) a.　太郎が花子をからかった。(＝太郎について語る文)
　　 b.　花子が太郎によってからかわれた。(＝花子について語る文)

　さらに、ここで「自分」という表現が、主語を先行詞として持つ事実を思い出そう。

(35)　太郎が花子を自分の部屋でからかった。

ここでは、「自分」の先行詞を主語の「太郎」には解釈できるが、目的語の「花子」には解釈できないことが示されている。この点を念頭において、次の受動文を見よう。

(36) a. 花子が太郎によって自分の部屋でからかわれた。
   b. 花子がボーイフレンドに自分の部屋で泣かれた。

この受動態の文において、「自分」は、意味上は目的語の「花子」を指す解釈が可能である。これは、日本語の受動文において、「が」を伴う要素が主語の階層に生じているためである。つまり、「自分」の先行詞は、意味上の主語ではなく、統語的に主語の階層に生じる要素を先行詞に選ぶのである。

以上、「よって」を伴う直接受け身文が英語と同様に、主語の階層へ移動することを見た。

次に、未解決の問題を見よう。まず、受動文の問題として、その移動の着地点がある。後述するように、主語には、高い主語の階層と低い主語の階層がある。「によって」を伴う直接受動文の場合、その着地点はどちらの主語の階層に生じるのか、そしてそれを示す独立した証拠はあるのか。これらの点は、現在のところ未解決の問題である。

さらに、受動態の形態素である「られ」は、前節で見た使役の形態素「させ」の前後に同時に生じて、「食べ-られ(1)-させ-られ(2)-た」ということが可能である。この場合、内側の「られ(1)」は、直接受動態の形態素で、外側の「られ(2)」は、間接受動態の形態素である。この点は、動詞を自動詞にすることにより確認できる。例えば、「?雨に降-られ(1)-させ-られ(2)-た」という表現は不自然である。この事実は、日本語の文の構造において、「動詞─ボイス(1)─使役─ボイス(2)」という階層構造があることによる。これらの2つのボイス成分が同時に生じる事例の更なる特徴は、将来解明されるべき未可決の問題である。

コラム：受益の階層（視点）

　日本語には、授受の表現があり、それは補助動詞「あげる」「くれる」により形成される。ここで、受益とは、主語や目的語が恩恵を受けたと解釈される現象を指す。具体例を見よう。

（１）　私は田中さんに本をあげた。
（２）　私は田中さんに本を読んでもらった。

(1)の文では、主語の「田中さん」が、本を所有する恩恵を受ける意味が表わされている。一方、(2)の文では、主語の「私」が、本を読む恩恵を受ける意味が表わされている。日本語において、この恩恵の解釈は、次に見る補助動詞を併合することにより生じる。

（３）a.　あげる、くれる、やる、もらう（非敬語語形）
　　　b.　さしあげる、くださる、いただく（敬語形）

上に見る授受表現が動詞に併合されると、その階層には、「〜に」や「から」という表現が生じる。具体例を見よう。

（４）a.　私は本を読んだ。
　　　b.　私は [_受益の階層_　花子に [本を読んで] あげる] ことになっている。
　　　c.　花子は [_受益の階層_　私に [本を読んで] もらう] ことになっている。

(4a-b)の文においては、受益の階層の主要部「あげる」「もらう」が、その階層に生じる「花子」や「私」に、「に」格を伴うことを認可していることを示されている。必要な部分だけを取り出すと、受益の階層は次のような構造を持つ。

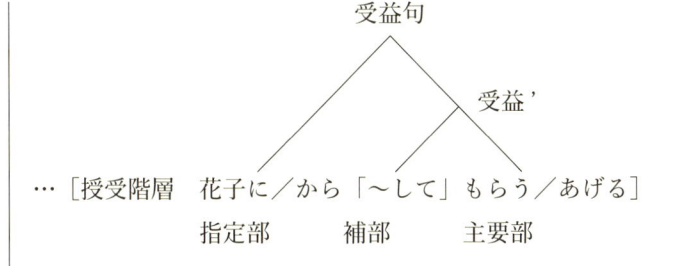

```
              受益句
             ╱    ╲
            ╱     受益'
           ╱     ╱  ╲
… ［授受階層  花子に／から 「〜して」 もらう／あげる］
         指定部      補部      主要部
```

　ここでは、受益の階層の主要部である「もらう／あげる」が、その指定部に「花子から／に」という受益の対象となる表現が生じることで、いわば係り結びのような呼応の関係をあることが示されている。このような局所的な関係は、主要部 - 指定部の一致と呼ばれ、カートグラフィー研究では、criterion と呼ばれる。

　次に、受益の階層に関わる意味を見よう。受益の階層には、「話し手の視点」の意味が関与している。視点とは、喩えて言うなら、話し手がカメラを持ってある方向から文を述べる状況を意味する。つまり、話し手は、自分にとって共感を感じるところにカメラを向けて、その視点から文を表現をするのである。では、ある文の中で、どこに話し手のカメラが向けられているかは、どのように知ることができるのであろうか。それは、「私」という表現を用いることにより確認することができる。「私」という表現は、カメラを持っている話し手自身を表わす表現なので、文中でその表現が生じる位置が、話し手がカメラを向ける位置となる。例えば、(5a)の「与える」という動詞を持つ文において、「私」という表現は、主語の位置に生じると据わりが良い。一方、同じ「私」という表現が、(5b)の文のように主語以外の位置へ追いやられると、据わりが悪い文となる。この点を念頭において、受益文(5c)を見よう。ここでは、主語の位置に「私」が生じて、自然な響きの文となっている。ここから、補助動詞「あげる」を持つ受益文は、主語に話し手の視点があることが確認される。一方、同じ「私」という表現を、(5d)に見るように、目的語の位置においてみると、座りの悪い文となる。これは、次

の理由による。補助動詞「あげる」を持つ受益文は、主語に話し手の視点があるが、目的語の位置にはない。そのため、視点がない位置に視点表現の「私」が生じると、据わりが悪くなるのである。

（５）a. 私が太郎に本を与えた。
　　　 b. ?太郎が私に本を与えた。
　　　 c. 私は花子に本を読んであげた。
　　　 d. ?花子は私に本を読んであげた。

　以上をまとめると、受益文には話し手の視点が関わる位置があり、それは次のように決定することが可能であることを見た。

（６）「私」という表現が生じうる文中の位置には、話し手の視点がおかれる。

　ちなみに、能動態と受動態の違いも、視点を変化させるという意味の効果を持つ。つまり、「与える」という動詞は、主語に視点があるために、(7a)に見るように目的語に「私」という表現が生じると、据わりが悪い文となる。しかし、この据わりの悪さは、(7b)に見るように受動態の文を用いることにより解消される。これは、「私」という表現を話し手の視点がある主語の階層に移動することにより、それと連動して、「私」という表現が、自然に解釈されるのである。

（７）a. ?太郎が私に本を与えた。
　　　 b. 私は太郎に本を与えられた。

　最後に、視点や受益と情報構造の関係を見よう。文の中で視点や受益の対象となるのは、話し手が関心を持ってカメラを向ける対象である。この話し手がカメラを向ける要素は、話し手がカメラを向けることが可

能な、談話の中で馴染みがあるトピックの要素である。そのため、視点がおかれる位置に、話し手にとって馴染みがないことを表わす記述内容の低い要素が生じると、(8)に見るように据わりが悪い文となる。(トピックになりにくい要素やなりやすい要素については、トピックの節で詳細に述べる。)

(8)　私／?見知らぬ人が子供に本を読んであげた。

3.5. アスペクトの階層

アスペクトより低い階層の要素(＝動詞、使役、ボイス)が「ている」というアスペクト表現と併合されると、アスペクトの階層が形成される。

```
並べ    させ    られ    てい———な———かった———ようだ
動詞    使役    ボイス    アスペクト    否定    テンス    ムード
```

ここでアスペクトとは、出来事が「始まった」か、「途中」か、「完了した」か等の事象の内部構造を表わす表現である。具体例を見よう。

(37) a.　[[山田さんが本を並べ] ている]。
　　 b.　[[山田さんが来] ている]。
　　 c.　[[山田さんは髪を染め] ている]。

(37a)の文では、並べる出来事が進行中であることが表わされ、(37b)の文では、来る行為が既に完了していることが表わされている。このように自動詞が、完了の事象を表わすのは、「手紙／太郎が来ている」といった文に見るように、その主語が人でも物でも良いような非対格(unaccusative)の動詞の場合に典型的に見られる。一方、他動詞でも、主語と目的語の間に関連性がある場合には、完了の事象が表わされる。例えば、(37c)の文では、「髪」が

他人の髪である時は、髪を染める事象が進行中であることが表わされるが、「髪」が山田さんの髪である時は、髪を染める行為が完了していることが表わされる (cf. 竹沢 1991)。非対格と目的語との関連性は、非対格の文の主語が、もとは目的語の位置に生じていることに由来する。(英語では、Here comes the bus/the man に見るように、非対格の文は、表面上の主語が目的語の位置に生じることが可能である。)

次に、アスペクトに関わる階層の内部構造を見よう。アスペクトの階層には、次の文の下線部分の表現に見るように、各アスペクトに相関する言語表現が生じる。

(38) a. ［今［太郎が本を並べ］ている］(進行)
　　 b. ［すでに［太郎が本を並べ］ている］(完了)
　　 c. ［何度も［太郎が本を並べ］ている］(反復)
　　 d. ［もう［太郎が本を並べ］終えてる］(完了)
　　 e. ［これから［太郎が本を並べ］始める］(開始)
　　 f. ［一回［太郎が本を並べ］たことがある］(瞬間)

次に、アスペクトと格の関係を見よう。日本語のアスペクト要素の中で、「中」や「後」といった漢語由来の形態素は、格の付与に関して特殊な振る舞いをする。つまり、「中」や「後」が、動作を表わす漢語由来の名詞に併合すると、その動作をする人物は、主格の「が」を伴うことができる。例えば、(39)と(40a)の対比に見るように、「走行する」という表現のテンス要素「る」は、「が」という主格の格助詞を認可するが、「走行」という「る」形を持たない名詞は、「が」という主格の格助詞を認可しない。しかし、「中」や「後」といったアスペクト要素が「走行」に併合されると、(40b)に見るように、「が」格が生じることが可能となるのである。

(39) 車が走行する。
(40) a. *車が走行

b.　車が走行中／後

　次に、アスペクトの様々な種類を、(補助)動詞が動詞と併合する事例を見ながら考察しよう。日本語では、次に見るように、アスペクトを表わす(補助)動詞が、動詞に併合することが可能である。

(41)　食べ＋始める、食べ＋切る、食べ＋歩く、…

　従来の日本語研究では、この動詞＋(補助)動詞の性質に関して多くの議論がなされてきた(影山(1993)、由本(2004)、Matsumoto(1996)等を参照)。
　ここでは、新たにカートグラフィー研究の視点から、動詞＋(補助)動詞にさらにもう1つ(補助)動詞が併合される(42c)に見るような事例を考察し、そこに働くアスペクトの規則性を類型論の観点から考察する(cf. Endo and Wiland 2013)。

(42)　a.　太郎が花子を歌い＋負かし－た。
　　　b.　太郎が花子を歌い＋慣れ－ている。
　　　c.　太郎が花子を歌い＋負かし＋慣れ－ている。
　　　d.　*太郎が花子を歌い＋慣れ＋負かし－た。

　(42a-b)では、「歌い」という動詞に「負かす」も「慣れる」も自由に併合できることが示されている。一方、この「負かす」や「慣れる」を一度に両方とも「歌い」に併合すると、「負かす」のあとに「慣れる」が後続する語順しか許されないことが、(42c-d)で示されている。つまり、動詞に「2つ」の(補助)動詞が併合される場合には、規則性が見られるのである。この規則性は、どのようなものであろうか。以下では、この点を考察する。
　実は、日本語の(補助)動詞が2つ連続して生じる際に働く規則性は、ポーランド語において接頭辞が連続して生じる場合と並行的である。そこでまず、ポーランド語の接頭辞の事例を見よう。ポーランド語では、次に見るよ

うに接頭辞が動詞の前に2つ連続して生じることが可能である。

(43)　po-na-jadać　　się　　owoców
　　　 DIST-SAT-eat　　self　 fruits
　　　'to eat some fresh fruits (to the point of satisfaction)'

ここでは、動詞 jadać（食べる）のすぐ左に、動詞の表わす事象が他よりも卓越（= exceed: 卓越）していることを表わす接頭辞 na がまず最初に動詞に併合され、次に、その食べる事象が何度も生じた（distributive: 累積）ことを表わす接頭辞 po が、その左に併合されている。つまり、ポーランド語では、接頭辞が動詞の左に2つ連続して生じることが可能なのである。しかし、ポーランド語で多重に生じる接頭辞は、(44)に見るように自由に配列される訳ではない。

(44)　* na-po-jadać　　się
　　　　 sat-dist-eat　　self

ここでは、先に見た接頭辞 na と po の順序が入れ替わっているのだが、これはポーランド語として成り立たない。つまり、ポーランド語の接頭辞の配列順序にも規則性がある。この規則性は、基本的には、Cinque (1999) により解明された普遍的なアスペクトの階層を反映している。具体的には、普遍的なアスペクトの階層とは、次に見る階層である。ここでは、「2つのアスペクト要素が生じる場合、この階層の低い方のアスペクト要素が最初に動詞の近くの内側に併合され、次に、この階層より高い階層のアスペクト要素が、さらに結合される」という階層性を表わしている。

(45)　[Dist^0 [Att^0 [Delim^0 [Cuml^0 [Sat^0 [Perd^0 [Exc^0 [Rep^0 [Compl^0/Term^0 …
　　　　累積　　　　　　　　　つみあげ　　卓越　　　過剰　　完了
　　　　　　　　　　　　　　　　　　　　　　　　　　　　　（Wiland 2011）

ポーランド語においては、この階層が次のように使用されている。

(43')

```
        (A)  /\           (B)  /\
       [na+jadać]    →    po+ [na+jadać]
       sat-eatself        dist-sat-eat self
```

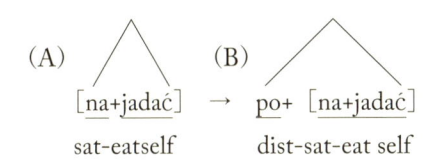

2つのアスペクトに関わる接頭辞が生じる場合、(43'A)に見るように、低い階層にあるアスペクトの接頭辞 na が、まず最初に動詞の近くの内側に併合される。そして、次に、(43'B)に見るように、より高い階層のアスペクトの接頭辞 po が、さらに併合される。

この接頭辞に見る規則性は、日本語においては、先に見た動詞に2つの(補助)動詞が併合される際にも働いている。例えば、動詞「歌い」に2つの(補助)動詞が後続する(46)の事例を見よう。ポーランド語において他を卓越する意味を表わす接辞 po が動詞の近くに生じるのと対応して、日本語において同様の意味を表わす補助動詞「負かす」が、まず最初に動詞の近くの内側の階層に併合される。そして、ポーランド語において事象が何度も生じたことを表わす接辞 na が、その外側に併合されるのと同様に、日本語でも、事象が何度も生じること含意する「慣れる」という補助動詞が「負かす」の外側に併合される。そして、その併合の順番を逆にすると、据わりの悪い表現となる。

(46)　DIST 慣れ > EXC 負かす
　　　a.　歌い＋負かし＋慣れ－ている。
　　　b. *歌い＋慣れ＋負かし－ている

ここで重要なのは、ポーランド語の接頭辞と日本語の補助動詞は、線形順序の点では、ちょうど逆になるのだが、その階層的な順序は同一であるという点である。つまり、どちらの言語においても、まず最初に、他を卓越する意味を表わす低い階層の要素が動詞の内側に生じ、次に事象が何度も生じたことを表わす高い階層の要素が、その外側に生じるのである。これが示していることを、統語的な階層の観点から見ると、日本語の補助動詞とポーランド語の接頭辞は鏡像関係 (mirror image) にあり、その階層的な関係は同じという点である。そして、この日本語とポーランド語の鏡像関係の出所は、日本語の補助動詞の場合、新たに併合される(補助)動詞が動詞の「右」に生じ、ポーランド語の接頭辞の場合には、新たに併合される接頭辞が動詞の「左」に生じるというパラメーターによる。ちなみに、この日本語とポーランド語は、アスペクトやボイスといった機能範疇の線形順序も当てはまる一般的なもので、文の構造全般に関して日本語とポーランド語は、鏡像関係にある。

　以下では、日本語における(補助)動詞が連続して生じる事例をさらに考察する。結論を先取りして言えば、上で見た普遍的なアスペクトの階層の順序に従って、動詞に2つの(補助)動詞が併合がされる。

(47)　DIST 慣れ > SAT まくる
　　　a. メリーがポスターを貼り＋まくり＋慣れ－ている。
　　　b. *メリーがポスターを貼り＋慣れ＋まくっ－ている。
(48)　DIST 慣れ > SAT まかす
　　　a. ポスターをはり＋まかし＋慣れ－ている。
　　　b. *はり＋慣れ＋まかし－ている。
(49)　DIST 慣れ > CUML 溜める
　　　a. 水をとり＋溜め＋慣れ－ている。
　　　b. *水をとり＋慣れ＋溜め－ている。
(50)　DIST 慣れ > EXC 負かす
　　　a. 大食い選手権でライバルの太郎を食べ＋負かし＋慣れ－ている。
　　　b. *大食い選手権でライバルの太郎を食べ＋慣れ＋負かし－ている。

(51) DIST 慣れ ＞ SAT なおす
　　a.　ポスターをはり＋なおし＋慣れ−ている。
　　b.*ポスターをはり＋慣れ＋なおし−ている。
(52) DIST 慣れ ＞ COMPL 上げ
　　a.　着物を縫い＋上げ＋慣れ−ている。
　　b.*着物を縫い＋慣れ＋上げ−ている。
(53) CUML 溜め ＞ REP なおす
　　a.　アルバイトで切手をアルバムにはり＋なおし＋溜め−る作業をした。
　　b.*アルバイトで切手をアルバムにはり＋溜め＋なお−す作業をした。
(54) CUML 溜め ＞ COMPL 上げ
　　a.　たくさんの孫のために着物を縫い＋上げ＋溜め−たおばあちゃん。
　　b.*たくさんの孫のために着物を縫い＋溜め＋上げ−たおばあちゃん。

　以上、普遍的なアスペクトの階層の順序に従って、動詞に2つの(補助)動詞が併合がされることを見た。
　次に、この普遍的なアスペクト階層を、言語習得の観点から見よう。上で見たアスペクト要素が連続する際の語順は、言語習得の段階で1つ1つの事例を見ながら一般化して習得したとは考えにくい。というのも、2つのアスペクト要素が連続して生じるこれらすべての事例に子供が実際言語習得の段階で遭遇する機会は想像するのが難しいからである。そして、上で見たアスペクトに関わる(補助)動詞が連続して生じる事例は、その文法性の判断を人に尋ねてみると、「実際には、聞いたことや遭遇した経験はないし、多少不自然さは感じられるが、どちらが自然かと尋ねられると、こちらが自然」という反応が多い。これは、母語話者が、内省(introspection)により、多重のアスペクトの事例を判断していることを示している。つまり、上で見たアスペクトの階層順序は、生まれつき子供の頭に備わっていると考えられる。より具体的には、日本語の母語話者は、上で見た普遍的なアスペクトの階層を、補助動詞が連続する事例を新たに作ったり解釈したりする際に活用している。

一方、ポーランド語の母語話者は、同じ普遍的なアスペクトの階層を、接頭辞が連続する事例を新たに作ったり解釈したりする際に活用している。

　最後に、アスペクトに関わる未解決の問題を見よう。上で見たアスペクトの普遍的な階層性は、他の言語においては、どのような領域で用いられているであろうか。これは、現在のところ未解決の問題である。さらに、上で見た普遍的なアスペクトの階層性に見る各アスペクト要素を認定するための独立したテストを確立する必要がある。この点も、現在までのところ詳細には確立されておらず、将来の研究を待たなければならない未解決の問題である。

　ちなみに、カートグラフィー研究における普遍的な階層は、部分的に局所的な入れ替えが可能であることが報告されている (cf. Rizzi 1997)。例えば、文の構造を類型論的な視点から見た場合、(真性)ムード表現は、テンスの領域の内側に生じる言語が大多数である。それに対して、日本語やポーランド語では、テンスの外に(真性)ムード表現が生じることが可能である。具体的には、日本語の「見るだろう」に見る真性のムード表現は、「る」というテンスの外側に生じる。つまり、ムードをテンスの外に配列するかテンスの内に配列するかという局所的な入れ替えの選択肢がある。このような局所的な入れ替えがアスペクトの階層にも可能であるかは、現在までのところ手がつけられていない未解決の問題である。

　以上をまとめると、本節では、アスペクトの一般的な事例に加えて、普遍的なアスペクトの階層を考察した。そこでは、日本語の補助動詞が2つ連続して生じる事例とポーランド語の接頭辞が連続して2つ生じる事例の間に、階層的な関係において平行性があることを見た。そこではこういった普遍的な階層を軸にして、日本語を世界の中の言語と比較するという新しい類型論が、カートグラフィー研究では可能となる点を見た。

3.6.「に」の階層

　日本語は、動詞が2つの目的語を選択する「〜に〜を〜する」という構文を持つ。この構文は、表面的には、(55)に見るように「〜を〜に」と「〜に

「〜を」という2つの語順を持つ。

(55) a. 太郎が花を花子にあげた。
　　 b. 太郎が花子に花をあげた。

この2つの語順に関しては、2つの考えがある。1つ目は、「〜に〜を〜する」が基本語順であるという考えである (Hoji 1985)。この考えによれば、動詞はまず、「〜を」と併合され、次に「〜に」と併合される。その結果、次に見る階層構造が生じる。

(56) ［〜に ［〜を 〜する］］

この考えでは、「〜を〜に」という語順は、「〜に」という要素を「〜を」の前に移動することにより派生される。

(57) ［〜に ［〜を 〜する］］
　　　←―――┘

　一方、「〜に〜を〜する」という構文については、もう1つの考えがある。それは、「〜に〜を〜する」と「〜を〜に〜する」の両方が基本語順であるとする考えである (Miyagawa and Tsujioka 2004)。この考えによれば、「〜に〜を〜する」という構文と「〜を〜に〜する」という構文は、別の構文となる。前者の場合は、動詞が、まず「〜を」と併合され、次に「〜を〜する」が「〜に」と併合される。その結果、(58a)に見る階層構造が生じる。一方、後者は、動詞が、まず「〜に」と併合され、次にそれが「〜を」と併合される。その結果、(58b)に見る階層構造が生じる。

(58) a. ［〜に ［〜を〜する］］
　　 b. ［〜を ［〜に〜する］］

この考えでは、2つの構文の間に、移動による関係づけはない。

　英語でも、(59)に見るように、「〜に」に相当する名詞表現が、「〜を」に相当する名詞表現の前と後ろに生じる2つの構文がある。

(59) a.　John sent the boarder a package.
　　　　（ジョンが寮生に荷物を送った。）
　　 b.　John sent a package to the boarder.
　　　　（ジョンが荷物を寮生に送った。）

英語のこの2つの構文は、意味も異なる。例えば、(59a)に見る「〜に」に相当する名詞表現が「〜を」に相当する名詞表現の前に生じる場合、「〜に」と「〜を」の間に、所有の含意が生じる。例えば、(59a)は、寮生が荷物を受け取って、その寮生がその荷物を所有しているという含意を持つ。その結果、「〜に」に相当する名詞表現が人間以外の場所であると、所有という意味が考えにくくなり、(60a)に見るように据わりが悪い文となる。一方、(59b)に見る「〜に」に相当する名詞表現が「〜を」に相当する名詞表現の後ろに生じると、「〜に」と「〜を」の間に、所有の含意は生じない。そのため、「〜に」に相当する名詞表現が人間以外の場所であっても、(60b)に見るように、自然な響きの文となる。

(60) a.　?John sent the border a package.
　　　　（ジョンは荷物を国境に送った。）
　　 b.　John sent a package to the border.
　　　　（ジョンは国境に荷物を送った。）

　日本語においては、「〜を〜に」の語順と「〜に〜を」の語順が両方とも、基本語順であることを支持する証拠として、熟語(idiom)の分布を挙げることができる。例えば、日本語には、「彼は時計を手に入れる」に見る「〜に」と動詞からなる熟語が存在する。この場合、「〜に」と「〜を」の語順を入

れ替えて、「彼は手に時計を入れる」とすると、不自然な文となる。これにより、「〜に」と「〜する」が、ひとまとまりとなる構造が想定される。一方、「〜を」と「〜する」からなる熟語も存在する。例えば、「彼は怠け者の子供に焼きを入れた」という文においては、下線部分が熟語を形成している。そして、「〜に」と「〜を」の語順を入れ替えて、「彼は焼きを怠け者の子供に入れた」とすると、不自然な響きの文となる。ここから、「〜を」と「〜する」がひとまとまりとなる構造が想定される。

以下では、上で述べた考えを念頭において、まず、「〜に〜を〜する」の下線部分が熟語を形成する事例と「〜を〜に〜する」の下線部分が熟語を形成する事例を広辞苑から抽出した結果を見る。その調査結果は、「〜に〜を〜する」と「〜を〜に〜する」との両方が基本語順の構造であることが支持されるものの、「〜に〜を〜する」の下線部から形成される熟語の方が圧倒的に数が多いことを明らかにする。つまり、「〜に」は動詞とあまり生産的に結びつくことがないのである。次に、「〜に〜を〜する」の下線部分から複合語が形成される事例と「〜を〜に〜する」の下線部分から、複合語が形成される事例を同じく広辞苑から抽出した結果を見る。この調査結果も、「〜に〜を〜する」の下線部分から形成される複合語の方が、「〜を〜に〜する」の下線部分から形成される複合語よりも圧倒的に数が多いことを明らかにする。

この調査は、カートグラフィーに、「量」という数値の概念を導入することを意図している。つまり、「〜に〜を〜する」と「〜を〜に〜する」という2つの独立した構文がある場合、日本語の文の階層構造としては、「〜に (1) [〜を [〜に (2) [〜する]]]」という2つの「に」に関わる階層があることになるのだが、その場合でも、「に」の階層は、いかに動詞との構造的な距離が近くとも、その「に」格は、あまり生産的に用いられていないことを示す。これにより、「〜に (1) [〜を [〜に (2) [〜する]]]」という階層のどの要素が生産的に用いられるかについて、いわば濃淡を調べるのである。その結果、構造的に低い「〜に」という階層は、規則の適用に関して、あまり生産的には用いられていないことを示す。実は、これと同じ傾向は、英語に

も見られる。英語で「〜を〜に〜する」という構文において、「〜に」と動詞という組み合わせは、いくら構造的な距離が近くても、そこに複合語形成の規則は、働かない(Thomas Roeper 私信)。本研究は、さらに、「〜を〜に〜する」という構文において、「〜に〜する」という表現から熟語形成という語彙化の操作も生産的には適用されていないことを示す。これにより、いわゆる与格が動詞と語彙的な操作を受けないという類型論上の傾向を示す。

では、まず、「〜を〜に〜する」という表現で、下線部分が熟語となる事例を見よう。

・「−に格の目的語」から作られる熟語
　　ア行(10個)
　　「入れる」
　　手に入れる 「彼は新しい時計を手に入れた」
　　耳に入れる 「彼はその噂をメアリーの耳に入れた」
　　頭に入れる 「彼は友人の結婚式のためのスピーチを頭に入れた」

　　「浮かべる」
　　心に浮かべる 「彼はその美しい風景を心に浮かべた」

　　「受ける」
　　真に受ける 「彼はその噂を真に受けた」

　　「置く」
　　質に置く 「彼はその時計を質に置いた」
　　念頭に置く 「彼は安全を念頭に置いた」

　　「収める」
　　手中に収める 「彼はその会社を手中に収めた」
　　腹に収める 「私はそのことを腹に収めた」

「思い描く」
胸に思い描く「太郎はその町を胸に思い描いた」

カ行（5個）
「かける」
手塩にかける「太郎はその子を手塩にかけて育てた」
気にかける「太郎はそのことを気にかけた」
ふるいにかける「先生は候補者をふるいにかけた」
心にかける「そのことをそんなに心にかけるな」

「刻み込む」
心に刻み込む「その光景は心に刻み込まれている」

サ行（6個）
「する」
皿のようにする「太郎は目を皿のようにしてそれを見た」
目にする「太郎はふとそれを目にした」
耳にする「太郎はふとそれを耳にした」
口にする「太郎はそのことを口にした」
気にする「太郎は彼への批判を気にしない」
懐にする「太郎は大金を懐にした」

タ行（3個）
「出す」
口に出す「太郎はその男の名前を口に出したかった」

「畳む」
胸に畳む「私はその件を私だけの胸に畳んでおくことにした」

「とめる」
心にとめる「太郎は彼の言葉を心にとめた」

ナ行（5個）
「流す」
水に流す「太郎はそのことを水に流した」

「なす」
無きになす「太郎はそのことを無きになした」

「のせる」
俎上に載せる「山田先生はその問題を俎上に載せた」
手車に乗せる「太郎はそれを手車に乗せている」
板に乗せる「山田先生は論文を纏めて板に乗せた」

ハ行（3個）
「挟む」
耳に挟む「太郎はその噂を耳に挟んだ」

「秘める」
胸に秘める「太郎はその少女への思いを胸に秘めたままこの地を去った」

「振る」
棒に振る「太郎は機会を棒に振った」

マ行（11個）
「巻く」
煙に巻く「太郎は話を煙に巻いた」

「まとう」
身にまとう「花子は着物を身にまとった」

「丸め込む」
手の内に丸め込む「太郎は彼を手の内に丸め込んだ」

「回す」
向こうに回す「太郎は専門家を向こうに回して自説を通そうとした」

「見立てる」
舞台に見立てる「太郎は机を舞台に見立てた」

「見る」
大目に見る「彼は僕の失敗を大目に見てくれた」

「銘じる」
肝に銘じる「私は先生の言葉を肝に銘じた」

「めぐる」
掌上にめぐらせる「太郎はそれを掌上にめぐらせた」

「持ち越す」
次回に持ち越す「彼は結論を次回に持ち越した」

「持つ」
根に持つ「太郎は僕のことを根に持っている」

「戻す」
白紙に戻す「全てを白紙に戻してやりなおそう」

ヤ行（1個）
「病む」

気に病む「太郎はそのことを気に病んだ」

ラ行(該当無し / 0 個)
ワ行(該当無し / 0 個)

　次に、「〜に〜を〜する」という構文で、下線部分が熟語を形成する事例を見よう。

・「−を格の目的語」から作られる熟語
　ア行(63 個)
　「仰ぐ」
　鼻息を仰ぐ「彼は社長に鼻息を仰いだ」

　「あける」
　穴をあける「彼は急病で舞台に穴をあけた」
　風穴をあける「彼は政治に風穴をあけた」

　「明ける」
　埒を明ける「彼はその難題に埒を明けた」

　「預ける」
　命を預ける「彼はレスキュー隊に命を預けた」
　下駄を預ける「彼は(その問題に関して)社長に下駄を預けた」

　「浴びせる」
　冷水を浴びせる「彼はその青年に冷水を浴びせた」

　「合わせる」

調子を合わせる「私は彼に調子を合わせた」

「言う」
裏を言う「彼は彼女に裏を言った」
理を言う「彼は自分の失敗に理を言った」

「致す」
意を致す「彼はその事業に意を致した」
思いを致す「彼はその問題に思いを致した」
心を致す「彼は会社の将来に心を致した」

「祈る」
年を祈る「彼は神に年を祈った」

「入れる」
足を入れる「彼は友人の家に足を入れた」
肩を入れる「彼はその生徒に肩を入れた」
活を入れる「彼はその新人社員に活を入れた」
気合を入れる「彼はその試合に気合を入れた」
気を入れる「彼はピアノの練習に気を入れた」
口を入れる「彼は議論に口を入れた」
心を入れる「彼は切手収集に心を入れた」
(ほん)腰を入れる「彼はその事業に(ほん)腰を入れた」
探りを入れる「彼は敵に探りを入れた」
作を入れる「彼はその噂話に作を入れた」
朱を入れる「山田先生はその原稿に朱を入れた」
せこを入れる「彼は商売にせこを入れた」
力を入れる「彼は新人養成に力を入れた」
茶々を入れる「彼は町長の発言に茶々を入れた」

手を入れる「彼は盆栽に手を入れた」
泣きを入れる「彼女は彼への頼みごとに泣きを入れた」
縄を入れる「彼は土地に縄を入れた」
にちを入れる「彼は商店主ににちを入れた」
念を入れる「彼女は化粧に念を入れた」
鋏を入れる「彼はリボンに鋏を入れた」
肌を入れる「彼は着物に肌を入れた」
筆を入れる「彼は自分のヘタな作文に筆を入れた」
身を入れる「彼は仕事に身を入れた」
メスを入れる「彼は会社の経理にメスを入れた」
目を入れる「彼はその生徒に目を入れた」
焼きを入れる「彼は怠け者の息子に焼きを入れた」
割を入れる「彼はその喧嘩に割を入れた」

「容れる」
嘴を容れる「彼女は彼らの議論に嘴を容れた」
膝を容れる「彼は話し合いに膝を容れた」

「動かす」
心を動かす「私は彼の説得に心を動かされた」

「埋める」
骨を埋める「彼はアフリカに骨を埋めた」

「打つ」
相槌を打つ「私は彼の言葉に相槌を打った」
手付けを打つ「彼は売り家に手付けを打った」
縄を打つ「彼は畑に縄を打った」
寝返りを打つ「彼は民主党から自民党に寝返りを打った」

半畳を打つ「彼らはその役者に半畳を打った」
膝を打つ「彼は彼女の考えに膝を打った」
批点を打つ「彼はその詩に批点を打った」
ピリオドを打つ「彼は田舎の生活にピリオドを打った」
非を打つ「私はこの作品に非を打てない」
胸を打たれる「彼は彼女の優しさに胸を打たれた」
銘を打つ「彼はそのナイフに銘を打った」

「遷す」
怒りを遷す「父は息子に怒りを遷した」

「移す」
心を移す「彼女は太郎から隆に心を移した」

「売る」
恩を売る「彼はその男に恩を売った」
顔を売る「彼は政界に顔を売った」
喧嘩を売る「彼は兄に喧嘩を売った」
媚を売る「彼女はその紳士に媚を売った」

「置く」
信を置く「彼は部下に信を置いている」

ラ行(該当無し / 0個)

ワ行(4個)
「割る」
口を割る「彼は自分の罪について警官に口を割った」
尻を割る「彼は麻薬取引に尻を割った」

枕を割る「彼は小説の書き方に枕を割った」
　水を割る「彼はウィスキーに水を割った」

　次に、「〜を〜に〜する」というタイプの構文で、下線部分が、複合語を形成できる事例を見よう。その前に、まず、複合語の形成において働く第一姉妹の原則（First Sister Principle）を復習しよう。

(61)　第一姉妹の原則
　動詞とそれが選択する一番目の目的語から複合語を形成できる。

　次が、第一姉妹の原則が適用される例である。

(62)　学生が先生を批判した。→学生批判、先生批判

　ここで、「学生批判」は「学生を批判する」という意味には解釈できるが、「学生が批判する」という意味には解釈できない。これは、第一姉妹の原則による。つまり、「批判する」という動詞は「〜を」に相当する最初に併合される目的語と複合語を形成することはできるが、2番目に併合する「〜が」という主語を併合して複合語を形成できないのである。この原則を念頭において、「〜に〜を〜する」の下線部分と、「〜を〜に〜する」の下線部分から形成される複合語を見ることにより、「〜する」と最初に結びつく「に」の事例と、「を」の事例とを峻別できるのである。では、まず、「〜に〜を〜する」の下線部分が、複合語を形成する事例を見よう。

・「−に格の目的語」から作られる複合語
ア行（10個）
　　「上げる」Xを棚に上げる＞棚上げ
　　「預ける」Xを委員長に預ける＞委員長預け
　　「当てる」Xを耳に当てる＞耳当て

「当てる」的に当てる＞的当て
「案内する」Xを社長室に案内する＞社長室案内
「入れる」車を車庫に入れる＞車庫入れ
「印刷する」Xを紙の両面に印刷する＞両面印刷
「打つ」ボールを壁に打つ＞壁打ち
「送る」Xを監獄に送る＞監獄送り
「折り込む」広告を新聞に折り込む＞新聞折り込み

カ行（4個）
「掛ける」Xを壁に掛ける＞壁掛け
「重ねる」きものを二枚に重ねる＞二枚重ね
「記録する」Xを議事録に記録する＞議事録記録
「交換する」Xを新品に交換する＞新品交換

サ行（1個）
「送還する」Xをアメリカに送還する＞アメリカ送還

タ行（3個）
「倒す」Xを横に倒す＞横倒し
「頼む」Xを神に頼む＞神頼み
「綴じる」Xを袋に綴じる＞袋綴じ

ナ行（9個）
「流す」Xを島に流す＞島流し
「流す」Xを質に流す＞質流し
「流す」Xを川に流す＞川流し
「慣らす」Xを手に慣らす＞手慣らし
「入力する」Xをパソコンに入力する＞パソコン入力
「任命する」Xを部長に任命する＞部長任命

「任用する」Xを本官に任用する＞本官任用
「濃縮する」Xを1/2に濃縮する＞1/2濃縮
「延ばす」Xを先に延ばす＞先延ばし

ハ行(8個)
「配置する」Xをアメリカに配置する＞アメリカ配置
「派遣する」Xをアメリカに派遣する＞アメリカ派遣
「浸す」Xを水に浸す＞水浸し
「吹き替える」Xを日本語に吹き替える＞日本語吹き替え
「変換する」Xをアナログに変換する＞アナログ変換
「返還する」Xを本国に返還する＞本国返還
「放送する」Xを全国に放送する＞全国放送
「翻訳する」Xを日本語に翻訳する＞日本語翻訳

マ行(6個)
「巻く」Xを内(側)に巻く＞内巻き
「纏める」Xを1つに纏める＞一纏め
「回す」Xを翌日に回す＞翌日回し
「回す」Xを後に回す＞後回し
「設ける」Xを心に設ける＞心設け
「盛る」Xを茶碗に盛る＞茶碗盛り

ヤ行(2個)
「輸出する」Xを海外に輸出する＞海外輸出
「輸入する」Xをアメリカに輸入する＞アメリカ輸入

ラ行(該当無し/0個)

ワ行(1個)

「分ける」髪を七三に分ける＞七三分け

次に、「～に～を～する」という構文で、下線部分が複合語を形成する事例を見よう。

「－を格の目的語」から作られる複合語

・「－を格の目的語」から作られる複合語
　　ア行（24個）
　　「和える」Xにゴマを和える＞ゴマ和え
　　「悪用する」Xに権力を悪用する＞権力悪用
　　「明け渡す」Xに城を明け渡す＞城明け渡し
　　「言う」Xに物を言う＞物言い
　　「遺棄する」Xに死体を遺棄する＞死体遺棄
　　「活ける」Xに花を活ける＞花活け
　　「委託する」Xに業務を委託する＞業務委託
　　「移転する」Xに本社を移転する＞本社移転
　　「移入する」Xに感情を移入する＞感情移入
　　「燻す」煙に蚊を燻す＞蚊燻し
　　「入れ替える」Xに書類を入れ替える＞書類入れ替え
　　「入れる」Xに物を入れる＞物入れ
　　「印刷する」Xに文字を印刷する＞文字印刷
　　「引用する」Xに論文を引用する＞論文引用
　　「受け入れる」Xに留学生を受け入れる＞留学生受け入れ
　　「歌う」Xに歌を歌う＞歌歌い　（「歌手」の意味もある）
　　「打ち上げる」Xにロケットを打ち上げる＞ロケット打ち上げ
　　「打つ」Xに杭を打つ＞杭打ち
　　「売る」Xに花を売る＞花売り
　　「上乗せする」Xにサービス料を上乗せする＞サービス料上乗せ
　　「延期する」Xに試合を延期する＞試合延期

「延長する」Xに番組を延長する＞番組延長
「置く」Xに物を置く＞物置
「下ろす」Xに荷を降ろす＞荷降ろし

ラ行(2個)
「拉致する」Xに日本人を拉致する＞日本人拉致
「漏洩する」Xに機密を漏洩する＞機密漏洩

ワ行(3個)
「分ける」Xに遺産を分ける＞遺産分け
「渡す」Xに橋を渡す＞橋渡し
「割る」Xに水を割る＞水割り

さらに、「～に～を～する」の下線部分が熟語をなし、それが複合語を形成す事例も見よう。

・「－に格の目的語」から作られる熟語の複合語
　ア行(1個)
　「入れる」手に入れる「彼は新しい時計を手に入れた」→手入れ(もとの文と意味が異なるかもしれない)

　カ行(1個？)
　「かける」心にかける「そのことをそんなに心にかけるな」→心がけ(もとの熟語と意味が異なるかもしれない)

　サ行(0個)

　タ行(1個)
　「出す」口に出す「太郎はそのことを口に出したかった」→口出し

ナ行(0個)

ハ行(0個)

マ行(1個?)
「たてる」「見立てる」舞台に見立てる「太郎は机を舞台に見立てた」→見立て(もとの文と意味が異なるかもしれない)

ヤ行(0個)

ラ行(該当無し / 0個)

ワ行(該当無し / 0個)

次に、「〜に〜を〜する」という構文で、下線部分が熟語を形成し、それが複合語を形成する事例を見よう。

・「ーを格の目的語」から作られる熟語
　ア行(6個)
　肩を入れる「彼はその生徒に肩を入れた」→肩入れ
　手を入れる「彼は盆栽に手を入れた」→手入れ
　念を入れる「彼女は化粧に念を入れた」→念入り(もとと意味が違うかもしれない)
　筆を入れる「彼は自分のヘタな作文に筆を入れた」→筆入れ(鉛筆のケースの意味があるため、語彙阻止(lexical blocking)が生じ、多少不自然。)

　「埋める」
　穴を埋める「失敗に対して穴を埋めた」→穴埋め(もとの文が与格を選択しない可能性あり)

媚を売る「彼女はその紳士に媚を売った」→媚び売り(かなり不自然)

ラ行(該当無し / 0 個)

ワ行(1 個)
水を割る「彼はウィスキーに水を割った」→水割り

比率

上記の調査から、2つの目的語を持つ構文において、下線部分が熟語を形成する事例の数と複合語を形成する事例の数は、以下のようにまとめることができる。

2つの目的語を選択する動詞から作られる熟語の個数

	－に格の目的語	－を格の目的語
ア～ヤ行	10 個	63 個
ラ行	0 個	0 個
ワ行	1 個	4 個
合計	11 個	67 個

2つの目的語を選択する動詞から作られる複合語の個数

	－に格の目的語	－を格の目的語
ア～ヤ行	10 個	24 個
ラ行	0 個	2 個
ワ行	1 個	3 個
合計	11 個	29 個

調査結果から、熟語の比率は11(＝に):67(＝を)で、複合語の比率は11(＝に):29(＝を)であることが分かった。つまり、動詞句内においては、階層的に高い「～を」の方が、「～に」よりも高密度で熟語も複合語も形成され

るのである。

　以上をまとめると、本節では、日本語において、「〜に〜を〜する」と「〜を〜に〜する」との両方が基本語順の構造ではあるのだが、「〜に〜を〜する」の下線部から形成される熟語の方が圧倒的に数が多いことを見た。さらに、「〜に〜を〜する」の下線部分から形成される複合語の方が、「〜を〜に〜する」の下線部分から形成される複合語よりも圧倒的に数が多いことを見た。この調査は、カートグラフィーに、「量」という数値化の概念を導入することを意図している。つまり、「〜に〜を〜する」と「〜を〜に〜する」という2つの独立した構文がある場合に、[〜に(1)[〜を [〜に(2)[〜する]]]] という階層関係があることになるのだが、その場合でも、上の「に(1)」の階層と、下の「に(2)」の階層が同じ密度で規則の適用に関して用いられているかを、数値で示すことにより、各階層のいわば濃淡を調べたのである。その結果、「〜に〜を〜する」と「〜を〜に〜する」という2つの独立した構文がある場合、日本語の文の階層としては、「〜に(1)[〜を [〜に(2)[〜する]]]」という2つの「に」に関わる階層があることになるのだが、その場合でも、「に」(2)の階層は、いかに動詞との構造的な距離が近くとも、「を」格ほど、生産的に規則の適用を受けないことが明らかとなった。これにより、「〜に(1)[〜を [〜に(2)[〜する]]]」という階層のどの要素が生産的に使用されるかについて、いわば濃淡があることが明らかとなった。つまり、「〜に」という階層は、規則の適用に関して、あまり生産的には用いられていないことを見た。実は、これと同じ傾向は英語にも見られる。英語でも「〜を〜に〜する」という構文において、「〜に」と動詞はいくら構造的な距離が近くても、そこに第一姉妹の原則を適用して複合語を形成することは不可能である（Thomas Roeper 私信）。本研究は、さらに、「〜を〜に〜する」という構文において、「〜に〜する」という表現から熟語形成という語彙化の操作も、生産的には適用されていないことを示した。これにより、いわゆる与格が動詞と語彙的な操作を受けないのが類型論上の傾向であることを示した。未解決の問題としては、日本語の与格が、数は少ないものの動詞と共に規則の適用を受けることは可能であるが、英語において

は、そのような組み合わせでの語彙的な規則の適用が全く許されないという違いがある。この日本語と英語の間にある非対称性がどのように説明されるかは、現在のところ未解決の問題である。

コラム：人称制限

　日本語は、英語などインドヨーロッパ系の言語とは異なり、動詞と主語などの要素との間に形態的な一致がないとされることが多い。しかし、類型論の観点から見ると、談話に卓立した言語(discourse prominent language)に属する日本語は、話し手や聞き手に関わる情報に関して、主語と動詞との間である意味で一致が見られる事例がある。その一例として、次の文を見よう。

（1）a.　行こう。（勧誘）
　　　b.　食べるね。（聞き手への確認）

(1a)の文では、話し手が聞き手に勧誘する表現が、「う」という動詞の活用語尾により表現されている。つまり、この文では、動詞「行く」の活用語尾により、行く行為が話し手／聞き手(＝1人称／2人称)によって行われることが表わされている。同様に、(1b)の文では、動詞に後続する終助詞「ね」によって、話し手が聞き手に確認をしていることが示されている。この場合は、終助詞「ね」により食べる行為が、聞き手(＝2人称)により行われることが表わされている。このように、日本語では、文末表現により、動詞の表わす動作を行う人が誰であるかが、表わされているのである。これは、英語で、He goes という文において、動詞に伴うes という語尾により、go で表わされる動作が、3人称の彼や彼女によって行われることが表わすのとある意味で並行的である。このように、日本語においても、動詞に後続する文末表現が、動詞の表わす行為を表わす人が誰であるか(＝人称)を制限している。これを人称制

限と呼ぶ(仁田 1987)。

　さらに、このような人称制限の事例として、次に見る感情を表わす述語を持つ文を考察しよう。この文では、主語が話し手でないと据わりが悪く聞こえる。

（２）　田中は悲しい。

この文の据わりの悪さは、英語においては感じられない。

（３）　John is sad.

この日本語と英語の違いは、人称に関わる類型論の観点で捉えることができる。つまり、談話に卓立した日本語では、感情の主体に関する情報を、話し手が知り得る情報かどうかについて敏感である。より具体的には、問題の「田中は悲しい」という文において、悲しい心理状態は、主語の「田中」だけが知り得る情報なので、座りが悪いと判断されるのである。一方、「私は悲しい」という文においては、このような据わりの悪さは感じられない。これは、話し手が、自分の悲しい感情を知り得るからである。このように、日本語においては、感情述語の主語に「私」という表現が求められるという意味で、人称制限を持つのである。
　一方、英語等の談話に卓立していない言語では、感情述語の意味内容に関して、それを話し手が知り得るか否かについて敏感ではない。そのため、感情を表わす述語が用いられても、その感情を感じる主体ではない話し手(例えば、(3)の John)が生じても、問題がないと感じられる。この意味で、日本語は、感情述語がその主語に談話レベルの1人称(＝私)を求めるという制限を持つのである。
　日本語では、談話のレベルで、主語と動詞の間に制限が課されているので、前に見た一見据わりが悪い「田中は悲しい」という文も、談話の操作により座りが良くなることがある。例えば、(2)の文の談話を洗練

して、「田中は悲しい。俺には分かる」とすると自然さが増す。

　この視点は、フィールドワークを行う際にも重要である。例えば、ある言語で、人称制限があるか否かを調査する場合には、単に「ジョンは悲しい」という文が自然に聞こえるかをインフォーマントに質問するのではなく、その言語がまず談話に卓立した言語であるかを確認した後で、それが、談話に卓立した言語である場合には、「ジョンは悲しい」という文が自然に聞こえる談話を設定できるかを調査しなければならない。つまり、一見したところ人称の制限がないような反応をインフォーマントが見せたとしても、その後で、その文が自然になるような談話を設定する文がないかを問う必要がある。

　最後に未解決の問題を見よう。インドヨーロッパ系の言語の一致は、主語の名詞句が引き金になり、それが動詞の形態素を決定するという「主語→動詞」という方向性を持つ。一方、日本語の人称制限は、述語の性質や文末表現が引き金になり、それが主語の性質を決定するという「述語→主語」という方向性を持つ。この2つの種類の方向性の違いがどのように説明されるのかは、現在のところ未解決の問題である。

3.7. 丁寧の階層

　「ます」「です」などの「丁寧」さを表わす言語表現が丁寧よりも下の階層の要素(＝述語、ボイス、アスペクト、(否定)、テンス)に併合されると、丁寧の階層が形成される。

並べ　させ　られ　てい　　　ません　でし―た
動詞　使役　ボイス　アスペクト　丁寧　否定　丁寧―テンス

　丁寧表現の「ます」と「です」は、結合する範疇が異なる。つまり、(63a)に見るように、「ます」は動詞と併合し、「です」はそれ以外の範疇と併合する。より正確には、「ます」は、テンスを持たない不定形の動詞と併合する。

一方、「です」は、テンスを含む他の範疇と併合する。

(63) a.　食べます（＝動詞）、楽しいです（形容詞）、ダメです（形容動詞）、学生です（名詞）
　　 b.　［［太郎が本を並べてい］ます］
　　 c.　［［太郎が本を並べていません］でした］

　この丁寧に関わる階層は、話し手が聞き手を意識している情報を表わす領域である。例えば、日記で丁寧表現を用いると、次に見るように、書き手が読み手（この場合は先生）を意識しているという含意が生じる（cf. 仁田 1987）。カートグラフィー研究では、このような場合に、話し手や聞き手の関わる階層を想定する（cf. Tenny 2006）。

(64) a.　今日は、お昼にラーメンを食べた。
　　 b.　今日は、お昼にラーメンを食べました。

聞き手の情報が言語化される事例は、一部の終助詞にも見られる。例えば、終助詞「ね」は、聞き手が関わる情報を表わす。そのため、窓を開けて、独り言として「あ〜いい天気だね」というと不自然に感じられる。

3.8. 否定の階層

　「否定」に関わる機能語が、否定よりも下の階層の要素（＝述語、使役、ボイス、アスペクト）と併合されると、否定の階層が形成される。

並べ　させ　られ　てい　　　な　い̶̶ようだ
動詞　使役　ボイス　アスペクト　否定　テ̶ン̶ス̶ム̶ー̶ド̶

ここで否定とは、「肯定」に対立する概念で、肯定文が表わす文の命題内容が、現実世界に照らし合わせて成り立たないことを意味する。次の具体例を

見よう。

(65) ［［太郎が本を並べてい］ない］。

ここでは、否定要素「ない」がアスペクト要素「てい」と併合されることにより、「並べる」事象が発話の時点で成り立たないことが表わされている。
　次に、否定の階層の内部構造を見よう。否定の階層には、次に見るように否定の要素と相関する副詞（Adv）が生じることが可能である。

(66) ［まったく［太郎が本を並べてい］ない］。

この場合、否定要素（Neg）は、否定の階層である否定句（NegP）の中心をなす主要部（head）で、それと相関する要素「まったく」が、(67)に見るように、その指定部（Spec）に生じる。この指定部と主要部が相関する関係により、否定に呼応する「まったく」という表現は認可される。

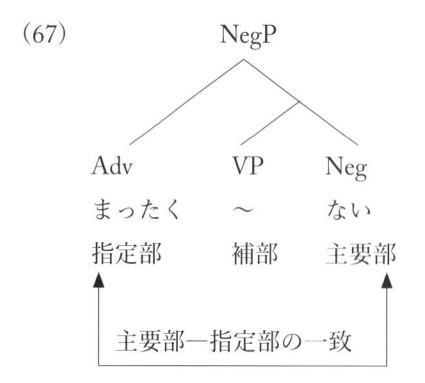

(67)
```
         NegP
        / |  \
      Adv VP  Neg
     まったく  〜  ない
     指定部  補部  主要部
       ↑_____↑
       主要部―指定部の一致
```

　さらに、否定要素が相関する別の事例を見よう。(68a-b)の文では、否定と相関する要素「少ししか」「〜では」が生じている。これらの要素は、否定の主要部である否定表現と相関することを求められるため、肯定文に生じると、(69a-b)に見るように非文法的となる。

(68) a. ［少ししか［太郎が本を並べてい］ない］。
 b. ［辞書類では［太郎が本を並べてい］ない］。
(69) a. *［少ししか［太郎が本を並べてい］る］。
 b. *［辞書類では［太郎が本を並べてい］る］。

名詞を修飾する表現でも、否定要素を必要とする事例がある。例えば、(70a)に見る「ろくな」という表現は、否定表現が同じ文中に生じることが必要である。この制約のため、この「ろくな」という表現が肯定文に生じると、(70b)に見るように、容認されない文となる。

(70) a. ろくな奴が来なかった。
 b. ?ろくな奴が来た。

逆に、否定要素と相関しない「ばかり」という表現もある。こういった表現は、(71)に見るように、否定の領域に生じない。つまり、これらの表現は、否定と逆の極性を持ち、この肯定の極性の階層の指定部の位置で認可されることで、その変則性が照合される。

(71) a. 弟ばかりかわいがる。
 a'. *弟ばかりかわいがらない。（野田 1995:17）
 b. 小学校にも行けなかった。
 b'. *小学校にも行けた。
 c. 足し算くらいできるだろう。
 c'. *足し算くらいできないだろう。
 d. 弁当まで用意した。
 d'. *弁当まで用意しなかった。

次に、否定要素の意味が作用する領域を、スコープの観点から見よう。否定のスコープが作用する領域は、否定の要素がc統御する否定の内側の階層

に限られる。例えば、副詞節が否定の階層の内側に生じる場合、その副詞節が否定のスコープの中に入り、(72a) に見るように、その副詞節を部分的に否定することが可能となる。一方、副詞節が否定よりも高い階層に生じる場合には、否定のスコープは副詞節に及ぶことはなく、例えば、(72b) の文に見るように、「が」副詞節が部分否定されることはない。

(72) a. ［雨が降っているから］外出するのではありません。
　　　　（＝外出するのは、雨が降っているからではありません）
　　 b. ?［雨が降っているが］外出するのではありません。

　同じ副詞節でも、ムード要素が副詞節の中に生じると、(73) に見るように、その副詞節を部分否定することが難しくなる。これは、後に述べるように、日本語においては、副詞節が高い階層の機能語を含むと、それに相関して、その副詞節が統語的に否定よりも高い階層に生じるためである。

(73) ?［雨が降っているだろうから］外出するのではありません。

これらの副詞節とスコープの関係は、副詞節の節で詳細に論じる。
　次に、否定に関わる未解決の問題を見よう。(72) の文では、「ではない」という否定表現が用いられているが、これを (74a) に見るように「ない」にすると、部分否定の解釈が難しくなる。これは、(74a) において、「ない」という否定の要素が、低い階層に位置するため、それよりも高い階層にある「から」副詞節をそのスコープに含めることができないためである。一方、「から」副詞節を否定のスコープに含める解釈を得るためには、(74b) に見るように、「のではない」という否定の形式を用いる必要がある (cf. 田窪 1987)。このように、「のではない」という表現を用いると、「から」副詞節を否定のスコープに含めことができるようになる理由は、その統語表示 (74c) に示されている。この表示では、「のではない」という表現に見る定性の階層の主要部「の」とそれよりも右に位置する高い否定の階層「ない」が、

理由を表わす「から」副詞節よりも高い階層に属することが示されている。この表示に見るように、「のではない」は、「から」副詞節よりも高い階層にあるので、その副詞節をスコープに納めることが可能となっている。(副詞節の階層の統語的な高さは、副詞節ごとに異なる。その詳細は、副詞節の節を参照。)この「のではない」と「ない」という否定表現の文中の正確な階層の位置に関しては、現在のところ解明されていない未解決の問題である。

(74) a. ［雨が降っているから］外出しません。
  b. ［雨が降っているから］外出するのではありません。
  c. [高い否定の階層 [定性の階層 ［雨が降っているから］外出するの] ではありません]。

　また、別の問題として、一般的に、主語が否定のスコープに入りにくいという問題もある。例えば、(75e-f) に見るように、英語では、他動詞や人が主語であることを求められる非能格 (unergative) 動詞の主語は、否定のスコープに入ることは難しい。一方、日本語では、これらの動詞でも、主語は否定のスコープに入ることが可能である。そのため、(75a-c) に見るように、様々な種類の述語の主語には、否定が求められる否定の極性表現が生じることが可能である。この英語と日本語の主語の性質の違いがどのように説明されるかは、現在のところ未解決の問題である。

(75) a. 少しの学生しかその本を読んでいない。(他動詞)
  b. 少しの学生しか来なかった。(非対格動詞)
  c. 少しの学生しか踊らなかった。(非能格動詞)
  d. Anyone else did not come. (非対格動詞)
  e. ?Anyone else did not dance. (非能格動詞)
  f. ?Anyone else did not read the book. (他動詞)

　さらに、日本語と英語の否定の違いの問題として、二重否定文がある。二

重否定の文とは1文中に2つの否定要素が生じる文である。日本語の二重否定は、次の(76)におけるAとBとの間の対話の文に見るように、やんわりとした否定を表わす。

(76) A: 私のことなんかもう好きではないのね。
　　 B: 好きでないということはない。

一方、英語の二重否定文では、2つ目に生じる否定要素が強く発音され、その否定要素を部分的に否定するだけで、日本語のようなやんわりとした否定の含意はない。例えば、次のAとBとの対話の文が、その具体例である。

(77) A: You do not like Mary, don't you?
　　 B: I do not NOT like her, but there is something about her that bothers me.

このような違いが何故生じるかは、現在のところ未解決の問題である。

3.9. テンスの階層
　テンスは、テンスよりも下の階層の要素(＝述語、使役、ボイス、アスペクト、否定)と併合し、テンスの階層を形成する。

並べ　させ　られ　てい　　　ない　　ようだ
動詞　使役　ボイス　アスペクト　否定　テンス　ムード

テンスは、文の必須要素で、テンスがないと、「? 太郎が本を並べ」の変則性に見るように、独立した文としては成立しない。これは、テンスを中心とするテンス句(Tense Phrase: TP)が、いわゆる文という単位に相当することによる。つまり、テンスなしでは文が成立しないのである。(生成文法では、形態素を持つ各階層から言語表現が成立すると想定する。「文」専用の形態

素は存在しないため、文という単位は想定されない。つまり、テンスの階層がいわゆる文に相当するのである。本書では、「文」という用語をテンス句と同じ意味で用いる。)

日本語のテンスには、過去形と非過去形の形式がある。単文においては、過去形は、典型的には「た」が併合されることにより形成され、それにより過去の事象が表わされる。一方、非過去形は、「る」が併合されることで、現在の事態や未来の事象が表わされる。次の具体例を見よう。

(78) a. [[太郎が本を並べ] た]。
　　 b. [[太郎が本を並べ] る]。
　　 c. [[太郎がここにい] る]。

(78a)の文では、「た」が「並べ」に併合して、並べる事象が過去に生じたことが表わされている。(78b)の文では、「る」が「並べ」に併合して、並べる事象が未来に生じることが表わされている。(78c)の文では、「る」が「い」に併合して、ここにいる事象が発話の時点で成り立つことが表わされている。

主文の場合とは異なり、副詞節の内部に生じるテンスは、主文の表わす事象が生じる時に依存して、その事象の生じる時が決定される。例えば、次の(79)の文においては、カッコの中の過去形の要素「走った」が、主節の「つもり」という未来を表わすテンスに依存して、未来の事象が表わされている。これは、副詞節に生じる「た」形が、主節の表わす未来の事態に依存しているためである。このように、主文のテンスに依存して決定されるテンスを相対テンスと呼ぶ。

(79) ［走った後で］水を飲むつもりです。

次に、テンスの統語的な側面を見よう。日本語において、「る」や「た」等のテンス要素は、テンスの階層に生じ、主格の「が」を認可する。例え

ば、次に見る(80a)の文では、「た」形のテンス要素が生じているため、主格の「が」が生じることが可能となっている。一方、(80b)の文では、テンス形式を持たない「到着」という表現が用いられているため、これだけでは、主格の「が」が認可されることがないことが示されている。

(80) a. 太郎が到着した。
　　 b. *太郎が到着
　　 c. 太郎が到着後

(80b)のような漢語由来の動作を表わす名詞表現は、「後」などのアスペクト要素と併合することにより、「が」を認可できるようになる。つまり、日本語の主格の「が」は、テンスや一部のアスペクト要素により認可されるのである。これは、英語などで、アスペクト要素が主格を認可しないのとは対照的である。(ちなみに、英語のテンスがない言語表現では、him/his running に見るように、him/his といった対格や属格が認可される。)

　次に、形容詞に併合されるテンスと主格の関係を見よう。形容詞に併合されるテンス要素は、(81)の文に見るように、削除されることがある。

(81) a. 食べるの、はやい！
　　 b. 頭、いたい！

　ここでは、「はやい」や「いたい」のテンス要素である「い」が省略されている。このテンス要素の省略は、任意(optional)の操作ではない。つまり、このテンスの省略が生じると、それに連動して、意味解釈が変化するのである。この場合の意味解釈とは、話し手の生々しい感情である。例えば、(81b)では、話し手の頭が痛い、生々しい感情が表現されている。言い方を変えると、テンスの省略は、新しい意味効果(new semantic effect)を生み出すのである。ちなみに、テンスは主格の「が」を認可するので、テンスが省略されると、(82a-b)に見るように、主格の「が」が生じることは難しくなる。こ

のような場合、テンスの要素が削除されるのと連動して、(82c-d) に見るように、「が」も省略されると自然な響きの文となる。

(82) a. ?走るのが　はやい！
　　 b. ?頭が、いたい！
　　 c. 走るのが　はやい！
　　 d. 頭が、いたい！（または、「いて！」）

コラム：現象文

　上で見たテンスの省略は、(1a) に見るように、通例は動詞には生じることがない。むしろ、上で見たテンスの省略と連動して生じる生々しい感情の意味効果を動詞を用いて生み出すためには、「る」形の動詞が用いられる。これを現象文と呼ぶ。

（1）a. ?あっ、バスが来る。
　　 b. あっ、バスが来る。（cf. 井上 2009）
　　 c. あっ、電車が行く。

現象文は主文にのみ生じ、補文に生じることは通例はない。（引用の場合には、もちろん可能である。）

（2）* 私は［あっバスが来るのが］見える。
cf. 　太郎は、「あっバスが来る」と言った。

　現象文における「る」形は、未分化なテンスの形式を持ち、テンスというよりはむしろ非定型の形式である

3.10. 主語の階層

　本節では、文における主語について考察する。まず、主語には文中に 2 つの階層の位置があることを見よう。ここで 2 つの位置とは、高い主語の位置と低い主語の位置である (cf. Cardinaletti 2004)。この点を、まず研究が進んでいる英語の事例を見ながら考察してから、次に日本語の事例を考察する。

　英語においては、2 つの主語の位置がある。これら 2 つの位置は、高い副詞表現 as you know を基準にして識別することができる。例えば、as you know の左側は、(83a) に見るように、指示性のある John や he 等の名詞表現が生じる高い主語の位置である。一方、as you know の右側は、(83b-d) に見るように、指示性のない天候や状況の it や存在の虚辞 (expletive) there 等が生じる低い主語の位置である。

(83) a.　John/He as you know is a nice guy.
　　 b.?*It as you know costs too much/is too expensive.
　　 c.　*It as you know rained the whole day.
　　 d.　*There as you know was a man in the garden.

　以上をまとめると、英語の 2 つの主語の位置は、次の階層性を持つ。

(84)　高い主語位置 > as you know > 低い主語位置

　上で見た高い副詞とは異なり、英語には、surely/often/probably などの低い一連の副詞がある。これら副詞表現は、低い主語の位置よりもさらに低い位置を占めるので、その左側には、以下に見るように、非指示的な名詞表現も生じることができる。

(85) a.　There surely was a man in the garden.
　　 b.　It often rained a lot the whole day.
　　 c.　It probably costs too much. (Cardinaletti 2004: 1(3)7)

英語における主語と副詞の関係をまとめると、次のようになる。（英語の副詞の更なる階層性については、Cinque (1999)を参照のこと。）[1]

(86) 　高い主語位置 > as you know > 低い主語位置 > surely/often/probably

　日本語の場合にも、2つの主語の位置がある。日本語の高い主語の位置は、英語と同様に、指示的な名詞表現により占められ、低い主語の位置は指示性のない表現により占められる。例えば、熟語の断片 (idiom chunk) は指示性がないので、(87a-b) に見るように、「おそらく」や「ご存知の通り」という高い副詞表現の左側に生じることが難しい。一方、「太郎」などの指示性を持つ名詞句は、(87c) に見るように、これらの副詞の左側に生じることが可能である。(87d-i) は、他の熟語の事例である。

(87) a. ?その問題には手がおそらく／ごぞんじのように出ない。
　　　b. ?こんな状況では勉強に身がおそらく／ごぞんじのようにはいらない。

1　日本語の副詞にも階層性があり、それを基準にして、主語位置の違いを判別することができる。例えば次の事例を見よう。

　（ⅰ）　正直言って ＞ まじめなことに ＞ けなげに
　　　　発話行為　　主語指向　　　　様態
　（ⅱ）　正直言って　まじめなことに　けなげに　勉強した。

　これら3つの副詞表現は、次に見るように入れ替えることが難しい。つまり、順番を入れ替えると、よほど、イントネーションを工夫しないと据わりが悪い。

　（ⅰ）?まじめなことに　正直言って　けなげに　勉強した。
　（ⅱ）?正直言って　けなげに　まじめなことに　勉強した。
　（ⅲ）?けなげに　まじめなことに　正直言って　勉強した。

　詳細については、Endo (2007)を参照のこと。

c. 太郎がおそらく／ごぞんじのようにパーティーに来られないだろう。
d. ?猛暑が続いて、気がおそらく／ごぞんじのようにめいる。
e. ?恐い話を聞いて背筋がおそらく／ごぞんじのように凍った。
f. ?そんなことを言われては、立場がおそらく／ごぞんじのようにない。
g. ?その難しい問題には、歯がおそらく／ごぞんじのようにたたない。
h. ?君の意見には、無理がおそらく／ごぞんじのようにある。
i. ?電話では、埒がおそらく／ごぞんじのように明かない。

さらに、英語の場合と同様に、日本語でも統語的な位置が高い副詞と低い副詞がある。そして、低い副詞の左側であれば、以下に見るように、熟語の断片が生じても、さほど据わりの悪い文とはならない。

(88) a. 君の問題には、手がまったく／いつも出ない。
b. こんな状況では勉強に、身がまったく／いつもはいらない。
c. 猛暑が続いて、気がまったく／いつもめいる。
d. その恐い話には、背筋がとても／いつも凍る。
e. そんなことを言われては、立場がまったく／すこしもない。
f. その難しい問題には、歯がとても／いつもたたない。
g. 君の意見には、無理が非常に／いつもある。
h. 電話では、埒がまったく／いつも明かない。

同じような区別は、受動文においても見られる。つまり、熟語の断片は、(89a)に見るように、主格の「が」を伴って「幸いに」という高い副詞の左側に生じることが難しい。一方、同じ熟語の断片であっても、「注意深く」という低い副詞の左側であれば、(89b)に見るように、生じることが可能である(cf. Fujimaki 2011)。

(89) a. *太郎によって　花子の原稿に　|手が|　**幸いに**　|入れ|　られた。
　　 b. 　太郎によって　花子の原稿に　|手が|　**注意深く**　|入れ|　られた。

　以上をまとめると、日本語の文の階層構造において、主語と副詞の相対的な位置関係は、次のようにまとめることができる。

(90)　指示的な名詞＞おそらく／ご存知のように＞熟語の断片＞とても／いつも

　次に、主語の位置のさらなる特徴を見よう。類型論的には、インドヨーロッパ系の言語では、主語の位置は、顕在的な名詞表現により占められることが多い。これは、主語の要件 (subject criterion: EPP) と呼ばれる。日本語の場合、主語の位置を占める名詞表現が、談話において了解されている場合には、(91)に見るように、省略することが可能である。そのため、一見したところ、何が主語の要件を満たしているのかが分かりにくい。(本書では、非顕在的な主語がない場合、その主語は、省略されているのか、それとも音形のないゼロ代名詞 (zero pronoun) であるのかという問題には立ち入らない。)

(91)　あっ、太郎が来た。~~太郎は、~~ずいぶん汗をかいているね。

ちなみに英語でも、日記等では日本語と同様に、主語が顕在的に示されないことがある (Haegeman 2011)。

(92)　~~I~~ woke up at 7 this morning. ~~I~~ went to school with Mary.

　以上見てきたように、日本語のように顕在的に主語が表示されない場合、何が主語の位置を占めているのかが分かりにくい。この点を念頭において、以下では、日本語の主語位置が、何によって占められるかを考察する。結論

を先取りすると、(i)日本語では、「主語―目的語―動詞」という基本語順の構造では、主語の名詞表現が主語の位置を占めるが、(ii)目的語が文頭に移動して「目的語―主語―動詞」という語順になっている場合には、目的語が主語の位置を占めることが可能で、さらには、(iii)文末に生じる「よ」や「ね」等の名詞性を持つ終助詞も、主語の要件を満たせることを見る。

　まず、第一の点は、主語と否定のスコープにより確認できる。ここで重要なのは、否定要素が、それよりも階層的に低い位置の要素をスコープに持つという規則である。そこで、まず日本語の文における否定要素の階層構造を確認しておこう。

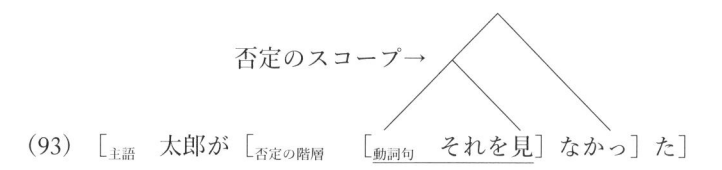

(93)　[_主語_　太郎が [_否定の階層_　[_動詞句_　それを見] なかっ] た]

否定のスコープ→

ここでは、動詞句の上に否定の階層があり、その上にテンスの階層や主語の階層があることが示されている。この階層構造を念頭において、次の文を見よう。

(94)　全員が本を読まなかった。

この文では、主語の「全員」が「な」という否定表現により打ち消される、いわゆる部分否定の解釈ができない。これは、否定の要素が、次に見るように、「全員」よりも高い階層にあるためである。そのため、高い要素(＝全員)は、低い要素(＝否定)のスコープに入らないという規則により、「全員」は否定のスコープに入って、部分否定の解釈を受けることはないのである。(「全員＞否定」は、全員が、否定よりも高い階層にあり、広いスコープを持つことを意味する。)

(95) ［_主語_全員が ［_否定の階層_ ［本を読ま］な］かった。］
　　　否定のスコープ→
　　　全員＞否定

　一方、目的語の「本を」が文頭に移動すると、「全員」が否定のスコープに入る部分否定の解釈が可能となる。

(96)　本を全員が読まなかった。

ここで重要なのは、次の点である。(i) 主語の名詞表現が主語―目的語―動詞という基本語順を持つ場合には、動詞句内に生成された主語の名詞表現が、主語の階層に移動する。(ii) 一方、目的語が文頭の主語位置に生じる場合には、その目的語が、主語の要件を満たすために、主語の名詞句は動詞句内にとどまる。このように、基底で主語が動詞句内にある考えを「動詞句内主語仮説（VP-internal subject hypothesis）」と呼ぶ。(97)の文においては、文頭に移動した目的語が主語の階層にあるので、すでに目的語により主語の要件は満たされている。そのため、意味上の主語は動詞句の中にとどまる。その結果、動詞句よりも高い否定要素が、それよりも低い階層にある動詞句内の主語をスコープに持つ部分否定の解釈が可能となるのである。

(97) ［本を ［_否定の階層_ ［_動詞句_全員が 読ま］な］かった。］
　　　否定のスコープ→
　　　全員＞否定

　ここで、目的語が主語の階層を占めて、主語の要件を満たすという点が、奇妙に感じられるかもしれない。そこで、カートグラフィー研究における

「主語の階層」が、何を意味するかを述べよう。カートグラフィー研究では、文の階層構造において、文頭に主語の階層を想定する。この主語の階層は、名詞的要素により占められ、その主要部は名詞的要素とそれに後続するよう要素を、「〜についていえば〜である」(aboutness)という叙述 (predication) の関係で結ぶ。つまり、主語の階層というのは、動作をする方の主体である動作主という意味役割のことではなく、文における叙述の出発点となる意味を表わす構造的な概念なのである。そのため、動作をする主体でない目的語の名詞表現が主語の階層に生じることも可能なのである。そして、その場合には、文全体が、目的語の名詞表現について叙述する意味を表わすこととなる。

以上をまとめると、日本語の場合、「主語―目的語―動詞」という基本語順においては、動作の主体である名詞表現が主語の階層を占め、その主語の名詞表現についての叙述をする文となる。一方、「目的語―主語―動詞」という語順では、目的語が主語の階層を占め、その文は、目的語の名詞句に関する叙述をする文となる。その場合、目的語の文頭への移動操作は、「主語ではなく目的語の名詞表現に関して言えば」という能動文とは異なる意味効果を生み出す。

次に、文末表現が主語の要件を満たす事例を見よう。まず、類型論的な観点から主語を見ると、インドヨーロッパ系の言語では、名詞句 (noun phrase) ではなく、接語 (clitic) や形態素 (morpheme) が主語として働くことが可能である。例えば、次のフランス語の例を見よう。

(98) a. *L'homme [Op que [t est venu]]
    'the man que has come'
   b. L'homme [Op qu + i [t est venu]]
    'the man qui has come'

(98) のフランス語では、主語が関係節化されている。この場合、(98b) に見るように主語の前の補文の標識に i という形態素が生じている。この i という形態素は、文の外側に位置する「名詞的な形態素 Fin (nominal Fin)」と呼

ばれ、それが主語の要件を満たしている (Taraldsen 2001, Rizzi and Shlonsky 2006)。つまり、i という形態素が構造上の主語として働いているのである。

　日本語でも、フランス語の形態素 i と同様に、構造的に主語の階層の近くに位置する形態素が、主語の要件を満たす事例がある。それは、「ね」や「よ」といった終助詞である (Endo 2006, 2007, 2012a)。これらの終助詞は、次に見るように、「の」という形式名詞と共起することが可能であるという点で、インドヨーロッパ系の言語の接語と同様に、名詞性を持つ。

(99)　太郎が本を読まなかったのよね。

この名詞性を持つ終助詞は、インドヨーロッパ系の名詞性を持つ接辞と同様に、主語の要件を満たすことができる。例えば、これらの終助詞が生じた場合には、意味上の主語は動詞句の内部にとどまることが可能となる。その結果、主語は否定のスコープに含まれ、(100) の文に見るように、部分否定の解釈を持つことが可能となる (cf. Miyagawa 2001)。

否定のスコープ→

(100)　［全員が本を読まなかった］のよ／ね／よね。
　　　（否定＞全員）

　一方、「の」と共起できない名詞性を持たない「わ」や「ぜ」などの終助詞は、主語の要件を満たすことはできない。むしろ、この場合には、主語の要件が動詞句内の意味上の主語により満たされる。例えば、(101) に見るように、終助詞「わ」を含む文では、主語が否定よりも高い主語の階層に移動するので、否定のスコープに収まる部分否定の解釈が難しくなる。

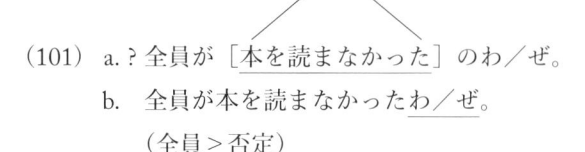

　　　　　　否定のスコープ→

(101)　a.？全員が［本を読まなかった］のわ／ぜ。
　　　　b.　全員が本を読まなかったわ／ぜ。
　　　　　　（全員＞否定）

　次に、類型論の観点から、関係節における主語の階層を見よう。フランス語の場合と同様に、日本語の関係節においては、主語の要件は、必ずしも意味上の主語により満たされる必要はない。例えば、関係節の動詞に「連体形の形態素」が後続しさえすれば、それが主語の要件を満たすことが可能である (cf. Hiraiwa 2001)。その結果、意味上の主語は、主語と結びつく主格の「が」を必ずしも伴う必要がなくなり、(101–102) に見るように、所有格の「の」を伴うことが可能となる。

(102)　太郎は［雨のやむまで］オフィスにいた。
(103)　［僕の思うに］ジョンはメアリーが好きに違いない。

　ここでは、「雨が」という意味上の主語についている主格の「が」が「雨の」という属格の表現に交替していることが示されている。このように、「が」という主格が失われて「の」に交替することは、それに伴う名詞表現が主語の階層を占めていないことを意味する。そして、これと連動して、「の」を伴う名詞句は、「が」とは異なる談話の意味を持つ。つまり、格の交替は、随意的な変化ではなく、新たな意味の効果を生み出す操作なのである。
　では、「が」格が「の」格に交替する場合に生じる談話の意味の効果とは何であろうか。それは、トピック性である。例えば、次に見る「の格」名詞句は、フォーカス要素「さえ」を伴うことができない（原田 2008）。これは、「の格」が古い情報を表わすトピック性を持ち、新しい情報を意味するフォーカスの意味と整合しないためである。

(104) 中国語さえが／*の話せる人

　同様の意味効果は、次の疑問詞の表現においても見られる。ここで、疑問詞の表現「誰」が「の」格を持つ場合、その「の」格の「誰」は、前の談話と繋がる古い情報を表わすと解釈される (cf. Pesetsky 1987)[2]。この点を見るために、次のAとBの対話文を考察しよう。

(105) A: 今日、本屋に行って、Chomsky と Pesetsky と Rizzi の本を買ってきました。
　　　B: 誰の／?が書いた本を最初に読みますか。

　ここでは、「誰」が、話し手Aの提示する談話に登場する3人の中から1人を求める質問をBがしていることが示されている。この場合、この古い情報は「の」を伴う。
　この疑問詞の談話の解釈を、さらに見よう。次の対話では、Bが「誰」を用いて、談話には登場していない新しい情報を提示することを求めている。この場合、疑問詞「誰」が「の」格を持つことは、次のAとBの対話に見るように難しい。これは、新しい情報の文脈と「の」格の持つ古い情報の性質が噛み合ないためである。

(106) A: 今日の授業で宿題が出たらしい。どんな本でもいいから1冊読んで、批判的に検討して、レポートにまとめるのだそうだ。
　　　B: 誰が／?の書いた本を読みますか。

　次に、格の交替を類型論の観点から見よう。前に見たように、フランス語

---

[2] ちなみに、英語の in the world に対応する「一体 wh ～」は、新情報を表わし、日本語でも新しい情報を表わすとされることがある。しかし、これには問題がある。「太郎と花子が部屋に入って来た」と言った後で、「一体どの人がイスに座るかな」と言えるからである。

においては、関係節の主語の要件は形態素により満たされる点を思い出そう。実は、カナダのケベック地方のフランス語の方言では、主文においても同じ形態素が主語の要件を満たす事例がある（cf. Rizzi and Shlonsky 2006）。これと同様に、日本語でも、次に見る九州の博多、佐賀、長崎の方言では、主文においても、意味上の主語が主語性を失い、主格の「が」が属格の「の」へ交替することが可能となっている。

（107）　泥棒の入った。（熊本八代方言）（吉村 2007）

これらの方言においては、「が」が「の」に交替する場合には、その主語の名詞表現は、古い情報のトピックとして解釈される。そのため、「の」格を伴う名詞句は、談話と連結した解釈になり、古い情報を表わす。例えば、このような方言では、属格の「の」を伴う名詞表現が、主文で新しい情報を表わすフォーカスとなることが、次に見るように難しい。

（108）　a.　駅からが／＊の遠か。
　　　　b.　太郎が／＊の学生たい。

　以上をまとめると、本節では、類型論観点から、以下の2つの点を述べた。(i) 主語の階層には高い階層と低い階層の2つの位置がある。(ii) 日本語の主語の階層は、主語や目的語の他にも、連体形という形態素や名詞性を持つ終助詞でも満たすことが可能。

3.11.「が」格の統語的性質

　前節で見た主語の階層を占める名詞表現は、(109) の文に見るように、典型的には、格助詞「が」を伴う。本節では、主語以外の要素が「が」格を伴う事例を考察する。

（109）　太郎が走った。

述語が状態を表わす場合、(111a)に見るように、目的語が「が」を伴うことが可能である。

(110)　私はリンゴが好きです。(非状態)
(111)　a.　太郎がリンゴを食べる。(非状態)
　　　　b.　太郎はリンゴが食べ＋たいらしい。(状態)
　　　　c.　太郎がリンゴを食べ＋た＋がっている。(非状態)

(111a)に見る非状態の意味を表わす述語は、それに別の状態の述語(例えば「たい」)が併合されると、(111b)に見るように、右側に併合された「たい」が全体の主要部になる。その結果、全体が状態を表わす複合述語「食べたい」が形成される。そして、これに連動して、目的語が「が」を伴うことが可能となる。(111c)に見るように、「がる」などの非状態の述語がさらに併合されると、述部全体も非状態となり、今度は目的語が「が」ではなく「を」を伴う (cf. Sugioka 1986)。

　この「が」と「を」の格の交替と連動して、それを伴う名詞表現の統語的な位置も変化する。例えば、述語に「れる」という可能の要素が併合した場合、「を」を伴う名詞表現は、「れる」よりも狭いスコープを持つ。一方、「が」を伴う名詞表現は、「れる」よりも広いスコープを持つ。これは、「を」格から「が」格の交替において、高い階層への移動が生じているためである。つまり、「が」格を持つ名詞表現は、「れる」よりも高い階層に移動する結果、「が」格を伴う名詞表現は、「れる」よりも広いスコープを持つのである。

(112)　a.　［右目だけを］つむれます。(＝ウインクができる)
　　　　b.　［右目だけが］つむれます。(＝左目はできない)

　さらに、「を」格が「が」格へ交替する際に、移動が関与することを示す別の事例を見よう。この点は、移動に課される等位構造の制約 (Coordinate Structure Constraint: CSC) により確認することができる。等位構造の制約

は、A and B という等位構造に課される制約で、その A や B の等位項の 1 つだけに移動規則が適用されることを禁じる制約である。例えば、(113) の文では、like what and dislike apples という動詞句の等位構造における第 1 の等位項である like what から、what が文頭に移動している。これは、等位構造の制約に抵触するため、(113)の文は、非文法的となる。

(113)　*What do you like ___ and dislike apples?

　この等位構造制約を念頭において、日本語の「を」格が「が」格に変化する規則を見よう。次に見る (114) の文では、「カレーを食べ」と「ジュースを飲み」が等位に接続される構造を持つ。この等位構造の最初の等位項である「カレーを食べ」の「カレーを」の対格「を」が主格「が」へ交替すると、非文法性が生じる。これは、「を」格から「が」格への交替において、移動が生じているため、等位構造制約に抵触するためである。

(114)　a.　[私はカレーを／*が食べ(そして)ジュースを飲み]＋たい。

（cf. Kubo 1992）

　　　 b.　[私はカレーを／*が食べもジュースを飲みも]＋したい。

　以上、「を」という対格と「が」という主格の交替現象を見ながら、そこには、高い階層への移動が関与していることを見た。

3.12. 主語の省略

　本節では、主語が生じない構文を考察する。日本語においては、主語は常に発音される必要はない。例えば、主語の名詞表現が談話の中で既に了解されていれば、それは、次に見るように明示的に示される必要はない。

(115)　 太郎が本屋に行った。太郎が／は 3 冊本を買った。

この 2 番目の文においては、主語である「太郎」が省略されている。この省略が可能となるのは、この談話において、その主語の「太郎」が、既に前の文で登場しており、話し手は、聞き手がその情報に馴染みがあると想定しているからである。

このような主語の省略は、能動態でも受動態でも見られる。次の文を見よう。

(116) a. 3時頃バスがトラックに激突した。そのまま走り去った。
　　　b. 3時頃トラックがバスによって激突された。そのまま走り去った。

ここでは、(116)の 2 番目の文において、主語が省略されている。この場合の省略された主語は、前の文の主語と同じバスやトラックを指示する解釈が可能である。この主語の省略は、次の主語の解釈規則による。つまり、主語の階層に属する要素は、前の文の主語と同じ指示物を持つことができるのである。

(117) 主語階層の規則：主語領域にある発音されない要素は、前の文の主語と同じものを指す解釈が可能。

この規則は、イタリア語においても観察される一般的な規則である。ただし、日本語の場合においては、2 番目の文で省略された主語は、前の文の主語と必ずしも同じと解釈される必要はない。例えば、(116b)の文における述語である「走り去った」の主語は、前の文の受動文の主語「トラック」と解釈することも、主語ではない「バス」とも解釈することが可能である。一方、イタリア語では、これに対応する文において、「バス」が走り去ったと解釈することは極めて難しい。この差が何故生じるかは、現在のところ未解決の問題である。

3.13. 「に」格を伴う主語

　本節では、主語の名詞要素が、「が」を伴わない事例を考察する。日本語では、述語が状態の場合、次に見るように、主語の名詞表現が「に」格を伴うことが可能である。

(118)　太郎に英語がわかること

ここで、述語「わかる」の主語である「太郎」は「に」を伴っており、それは、主語の階層にある。そのため、以下に見るように、この「に」を伴う名詞表現は、主語としての諸特性を示す。まず、日本語では、「自分」という表現が文中の主語を指すことは可能であるが、目的語を指すことは不可能である。

(119)　太郎は花子に自分のことを話した。

ここでは、「自分」が主語の「太郎」を指す解釈は可能であるが、目的語の「花子」を指す解釈は不可能であることが示されている。この制約は、再帰表現全般に見られる制限ではない。例えば、この「自分」に対応する英語の self 形は、日本語とは異なり、それが主語も目的語も指すことが可能である。

(120)　Taro told Hanako about himself/herself.

　以上をまとめると、日本語の「自分」という表現には、次の規則が働いている。

(121)　「自分」規則：主語の階層にある要素は、「自分」の先行詞に解釈できる。

　この規則を念頭において、上で見た状態文を考察しよう。(122)に見るよ

うに、主語「太郎」は、「自分」の主語として解釈することが可能である。

(122) 太郎には自分の気持ちがわからなくなることがある。

(cf. Takezawa 1987)

ここでは、「自分」が「に」格を伴う「太郎」を指すことが可能であることが示されている。これは、「太郎に」が主語の階層に生じているためである。つまり、(121)の規則により、「自分」が、主語の階層にある要素「太郎に」を指すのである。

さらに、「自分」規則(121)を見ながら、「に」を伴う主語の性質をさらに考察しよう。日本語では、次の(123)の文の対比に見るように、主語のみが敬語の対象となる。

(123) a. 山田先生が花子をお褒めになったこと
　　　 b. *花子が山田先生にお会いになったこと

(123a)の文では、名詞表現「山田先生」が、尊敬の対象になる人物であり、且つ、主語であるため、動詞に「お〜になる」という敬語の表現を用いることが可能となっている。このように、動詞に「お〜になる」という敬語の表現を用いることが可能となるためには、尊敬の対象となる人物が、主語の階層に生じている必要がある。例えば、(123b)の文では、尊敬の対象になる「山田先生」が目的語であり、主語の階層に生じていないので、動詞が「お〜になる」という表現を伴うことが不可能となっている。この敬語の性質を念頭において、問題の「に」格を主語に持つ文を見よう。

(124) 山田先生に英語がおわかりになる(こと)

ここでは、「に」を伴う表現である「山田先生」により、動詞「わかる」が「お〜になる」という敬語の形式を取ることができる事実が示されている。ここ

から、状態文において、「に」格を伴う名詞句が、主語の階層にあることが確認される。

　これと似た制約は、イタリア語にも見られる。例えば、次の文では、日本語の「に」に相当するイタリア語の前置詞 a を伴った名詞表現 Gianni が主語の階層にある。

(125)　A Gianni piaccino queste idée.
　　　 'To Gianni please these ideas'

この a を伴う Gianni は主語の位置を占めている。例えば、この文に後続する文の主語が省略され得た場合には、その省略要素は、必ず a Gianni をさす解釈が求められる。さらに、この a Gianni は、トピックの階層にもない。この点は、問題の a を伴う表現が、トピックの島の条件に従わないことにより確認される。トピック島の条件とは、例えば、(126)に見るように、トピック要素を飛び越しての移動を阻止するする原則である。

(126)?? Le idée che a Gianni Maria reccomanda sono queste.
　　　 'The idea that to Gianni recommends are these'

　ここでは、目的語である le idée がトピックの a Gianni を飛び越して移動することにより、トピック島の条件が発動され、非文法性が生じることが示されている。この島の条件を念頭において、(127)の文を見よう。ここでは、日本語の「に」に相当する a Gianni という主語が、le idée の移動により飛び越されているが、トピック島の条件は発動されていない。つまり、非文法性は生じない。ここから、日本語の「に」に相当する a Gianni がトピックではなく、主語の階層にあることが検証される (Rizzi 2004)。

(127)　Le idée che a Gianni piaccino di piu sono queste.
　　　 'The idea that to Gianni please most are these'

コラム：命令の階層

日本語では、主語が生じない事例がいくつかある。ここでは、そのような事例のうち、(1)に見る命令文を考察する。特に、日本語の「命令」の意味が、カートグラフィー研究でどのように分析されるかに焦点を当てる。

(1) a. (さあ)さっさと、食べる！
　　　　（＝命令の階層：強調のイントネーション）(cf. Endo 2012b)
　　b. 食べろ。

これらの文では、一見したところ、文末の「る」と「ろ」という異なる形式が命令の意味を表しているように見える。しかし、前者の命令の文(1a)は、書き言葉では、文末に「！」という記号が生じ、話し言葉では、強調のイントネーションを伴うことが必要となる。一方、後者の命令文(1b)は、「ろ」という形態素を伴い、(1a)に見るような特別なイントネーションの情報は必要としない。カートグラフィー研究では、ある意味に対応する形態素があったり、その意味と連動する音の情報がある場合には、それ専用の階層を想定する。例えば、上の2つの命令の形式は、形態素や音の情報により、命令の階層を持つことになる。しかし、これら2つの命令文は、異なる形式を持つことから、カートグラフィー研究では、異なる命令の階層を持つと想定される。つまり、上の2つの命令文は、異なる命令の階層を持ち、異なる命令の意味を表わすのである。実際、この2つの形式は、(2)に見るように、後続する要素の分布が異なる。これは、異なる命令の階層が後続する要素に対して、異なる要素を選択するためである。

(2) a. *さっさと、食べるよ！(命令として)
　　b. さっさと、食べろよ。(命令として)

　　　　c. *さっさと、食べるよな！（肯定の命令として）
　　　　d. 　さっさと、食べろよな。（命令として）
（３）a. *さっさと食べる〜！（命令として；感嘆としてなら可能）
　　　　b. 　さっさと、食べろ〜。（命令として）

　以上、日本語における２つの命令の階層について、カートグラフィー研究の分析方法を示した。ここで見た命令の階層の正確なイントネーションや文における相対的な統語的な位置などは、今後の研究を待つ未開拓の領域である。

3.14. 定形の階層

　テンスのすぐ上の階層には、定形の階層がある。この階層では、動詞が「見る」「見た」などのテンス形式を持つ定形の形を取るか、「見に」「見て」などのテンスの形式を持たない非定形の形を取るかという定形（Finiteness）の情報が表示される。例えば、「ば」副詞節は、（128a）に見るように、その主要部「ば」が非定形の階層を選択するため、動詞が非定形の要素「れ」を伴う。一方、「なら」副詞節は、（128b）に見るように、その主要部「なら」が定形の階層を選択するため、動詞に定形の要素「る」が後続する。

　さらに、定形の階層の主要部は、日本語においては、「の」という要素により音声化されることがある。例えば、「ば」副詞節は、非定形の節を持つため、（128c）に見るように、定形の標識である「の」が生じない。一方、「なら」副詞節は、定形の節を持つため、（128d）に見るように、定形の「の」が生じることが可能である。

（128）　a. 　雨が降れ＋ば
　　　　b. 　雨が降る／?れ＋なら
　　　　c. ?雨が降った＋の＋ば
　　　　d. 　雨が降った＋の＋なら

定形の「の」と呼応する要素として、疑問詞の「なぜ」がある。「なぜ」以外の疑問詞は、(129a-e)に見るように、定形の階層の要素である「の」を伴う必要がない。一方、「なぜ」は、(129f-g)の対比に見るように、定形の標識である「の」が生じることが必要となる。

(129)　a.　誰が来ましたか。
　　　　b.　何をしましたか。
　　　　c.　どこに行きましたか。
　　　　d.　いつ行きましたか。
　　　　e.　太郎はどうやりましたか。
　　　　f.？君はなぜそんなことを言いますか。
　　　　g.　君はなぜそんなことを言うのですか。

　この定形の主要部「の」は、文の定と不定の情報を表わすが、「疑問」「命令」「感嘆」といった特定の発話行為を表わすことはない。つまり、定形の情報と発話行為の情報は、異なる階層に属するのである。(この点は、後の述べるように、従来の研究において、これら2つの情報が混在していたので注意が必要である。)例えば、定形の「の」は、(130)に見るように、その外側に生じる文のタイプの階層に応じて、様々な発話行為を表わすことが可能である。日本語において、発話行為は、形態素で示される場合もあるが、(130b-c)に見るように、イントネーションで表わされることもある。どのような場合に、この音形を持たない発話行為の階層が生じるか、そして、その発話行為にはどのような種類があるかは、現在のところ未解決の問題である。

(130)　a.　雪が降ったから遅れたの。(肯定)
　　　　b.　ご飯を食べたら歯を磨くの！(命令)
　　　　c.　なんてひどいことをしたの～(感嘆)

第4章

日本語の単文構造　談話・語用論編

4.0. はじめに

本章では、単文の構文の中でも、談話や語用に関する構文を取り上げる。特に、日本語学の研究成果を積極的に取り込みながら、それをカートグラフィー研究の観点から洗練する。それにより、日本語が普遍文法の類型論の中でどのような性質を持つかを明らかにする。

4.1. ムードの階層

日本語の文を大局的に見ると、いわゆる文に相当する領域の上には、談話に関わる領域がある。その談話の領域の1つとして、話し手や聞き手に関わるムードを表わす階層がある。この階層に生じるムード要素は、定形の「の」やテンスの階層の要素と併合して、ムードの階層を形成する。ここでムードとは、「話し手が発話時に命題に対してどのような心的な態度を取るかについての情報」を意味する。以下では、日本語の文末に生じるムード要素について、特に終助詞を取り上げ、普遍的なムード階層構造の観点からその性質を明らかにする。

このような普遍的なムード階層構造の観点からムードに関わる終助詞を分析することの利点は、次のようにまとめることができる。

(1) a. 複数のムードを表わす終助詞が生じる場合(例えば、「〜したわ - よ - ね」)、なぜその配列順序で終助詞が配列されるかを、説明することが可能。
   b. 他言語のムードに関わる構文と日本語の終助詞の間に共通の原理が働いていることが、説明可能。

まず、終助詞の研究について、手短に触れておこう。日本語学や国語学における終助詞研究の多くは、終助詞の特徴を談話との関わりで「記述」することにあった。(例えば、中川・小野1996の言語処理の研究、談話理論による金水・田窪1992を参照。)それに対して、本節で展開するカートグラフィー研究の視点は、終助詞の持つ統語的な特質を普遍文法の視点から解明

するという手法をとっている。この手法は、海外でも理解されやすい、いわば世界標準の分析である。

次に、ムード（mood）という用語について整理しておこう。ムードとは、話し手が命題に対して持つ心的な態度を表わす表現である（Lyons 1977: 452）。ムードという用語は、そのような表現のうち、主に動詞につく形態的な要素（morphology）を指す（Palmer 1979: 21）。これには、直接法（indicative）と仮定法（subjunctive）の区別や、評価や証拠性（evaluative、evidential）の区別が含まれる。一方、ムードと関連した用語として、モーダル（modal）がある。モーダルとは、話し手の命題に対する心的態度が動詞、助動詞などの独立した言語表現で表わされる事例を指す。英語では、根源的用法（root）と認識的用法（epistemic）の助動詞がある。

以上のムードに関わる基本的な考えを念頭において、次に、本節の中心をなす日本語の終助詞の一般的な特質を見よう。終助詞には、「わ」「よ」「ね」等のムード要素が含まれ、主節のテンスを伴う動詞の右側に生じる。具体例を見よう。

（2）a. 太郎が行った。
　　 b. 太郎が行ったわ。

(2b)の文では、話し手が女性であったり、女性の振りをしていることが、終助詞「わ」によって示されている。これに類似した現象は、フランス語の分詞に見られる。

（3）a. Il　　　est　　　séduit.
　　　　He　　is　　　attracted
　　　　'He is attracted'
　　 b. Elle　　est　　　séduite.
　　　　she　　is　　　attracted

'She is attracted'

(3b)においては、「主語」が女性であることが、分詞 séduite の末尾に生じる接辞 e によって示されている。ここで重要なのは、次の2点である。(i)日本語の場合、文末に「わ」を用いるのが、典型的には女性の「話し手」であるという点、そして、(ii)その話し手は必ずしも女性である必要はなく、男性の話し手の場合には、柔らかな響きを意図するという用法を持つ点である（例えば、「俺、もう帰るわ。」）。

　本節では、そもそも、複数の終助詞が生じた場合に、なぜある特定の語順で終助詞が配列されるのか（例えば、「来たわよ」は可能であるが「＊来たよわ」は不可能である等）を、普遍なムード階層に由来することを見る。そこでは、従来の研究で解明された日本語の終助詞の研究を整理しながら、各々の終助詞が、普遍的なムード階層の中で、どこに付けられるのかを探ることを目標とする。この目標を達成するために、従来の終助詞の研究成果を洗練しながら、終助詞が、普遍的なムード階層の中で、どの統語的な階層に属するかを探るという手法をとる。

　まず、終助詞は語用論との接点が多いので、その機能を整理しておこう。終助詞に関わる談話の機能は、次のようにまとめることができる(cf. Abraham and Leiss 2012, Endo 2012a)。

（Ⅰ）話し手が命題内容に関して聞き手と一致しているかを期待する。

　　　　　　　　　　　　　　　　　　　　　　　　　（心的一致）
（Ⅱ）話し手が聞き手に、知識や経験をもとに、命題内容にどのように応答するかを期待する。（話し手と聞き手の相互作用）
（Ⅲ）話し手が聞き手に、どの程度まで、命題内容の関連性を持つか期待する。（期待の強さ）
（Ⅳ）トピックとなっている事柄に関して、話し手がどの程度重要であると感じているかを表わす。（関連性の強さ）

終助詞に関わるこれらの語用論的な機能を念頭において、各々の終助詞の特質を見よう。

終助詞「わ」

まず、終助詞「わ」は、次の特質を持つ。(i)時制要素の後に生じ、(ii)話し手が女性であるか、または女性の振りをしていることを示し、(iii)話し手の社会的地位が聞き手の社会的地位と同じであるか、それより低いことを示す(Uyeno 1971)。具体例を見よう。

(4)　洗濯をするわ。

ここでは、終助詞「わ」が、現在形の動詞「する」の後に生じ、話し手が女性であることを暗に示し(imply)ている(Tsujimura 1996: 375–6)。この文は、男性が用いることも可能である。その場合、「わ」は、女性的な意味合いを添えることで、柔らかな語調を文に持たせることを話し手は意図する。この用法は、アラビア語属の法／ムード(mood)要素に見られる特徴でもある(Ur Shlonsky 個人談話)。実際、(5)の文では、終助詞「わ」は、顕在的に表わされていない話し手といわば呼応しており、その話し手のムードを表わす働きをしている。

(5)　太郎が洗濯をしているわ。

この終助詞「わ」を伴う文(5)の意味は、生成意味論で活発に議論された遂行動詞(performative verb)を用いて、概略、I mildly insist that John is doing the washing のように表わすことができる(Uyeno 1971)。

　以上の終助詞「わ」の性質を踏まえて、普遍的なムード階層の中で、この終助詞「わ」が、どこに位置するかを考察しよう。まず、終助詞「わ」は、先に見たように、女性的な柔らかな響きを文に与える機能を持つという点で、法(mood)の意味を持つ。ここから、「わ」のムードとしての性質が確認される。

さらに、終助詞「わ」は、独り言の発話に用いることが可能である。これは、話し手が聞き手に対して命題内容についての期待が弱い、または低いという心的な態度を表わしていることを示している。この点から、終助詞「わ」は、「話し手の認識」を主に表わす階層に属し、聞き手を意識した対人的な性質を持たないことが分かる。
　この点をさらに統語的な分布の側面から見よう。「わ」は、(6)に見るように「〜でしょう」等の認識(epistemic)のムード要素と相補分布をなす。一方、「わ」は、「〜かもしれない」といった根源的(root)な法要素とは共起して、「〜かもしれないわ」という形を取ることが可能である。つまり、「わ」は、認識のムード要素とは、相容れない相補分布の関係にあるのである。ここから、「わ」が統語的に認識のムード階層に属することが再確認される。

(6)　* 来るわでしょう /*来る でしょう わ。
cf.　太郎は　来る　かもしれない　わ。

このように、終助詞「わ」は、法(mood)の意味を持ち、認識のムード要素と相補分布をなすことから、問題の普遍的なムード階層の中で認識のムード句(Epistemic Modal Phrase)の主要部を占めると結論付けることができる。認識のムード階層は、類型論的には、以下の普遍的なムード階層の下線部の位置にある(Cinque 1999)。

(7)　[*frankly* Mod $_{speechact}$ [*fortunately* Mod $_{evaluative}$ [*allegedly* Mod $_{evidential}$ [*probably* **Mod $_{epistemic}$** [*once* T (Past)⋯

終助詞「さ」
　次に、終助詞「さ」を見よう。この終助詞の主な機能は、話し手が文の表わす命題内容に馴染みがある(familiar)ことを伝える点にある。そのため、終助詞「さ」を伴う文は、当然のこと(as a matter of course)という意味合いを持つ。そして、終助詞「さ」の意味は、「よう」「らしい」「そう」といった、

話者が「見た目」に基づいて判断をするムード要素と対照をなし、談話の中で話し手が馴染みがあると想定（supposition）する命題内容について、その心的態度を表わすのに用いられる（Uyeno 1971）。具体例を見よう。

(8) a. これ何？
　　b. ?これ何さ？
　　c. *どうする(の)さ？

(8b, c) の文は、終助詞「さ」を談話の始まりに用いることが困難であることを表わしている。前述のように、終助詞「さ」が用いられると、談話の中で命題内容が話し手にとって馴染みがあることが想定される。そのため、馴染みがある内容を想定できない談話の始まりの疑問文に終助詞「さ」が用いられると、非常にすわりが悪い文となる。もし、上の (7b, c) の文を強いて解釈しようとするなら、談話の中でいくつかの事物や事柄が既に話題になっており、その中の1つについて問題にするために問いを発するという状況が必要となる。このような状況で発話される疑問詞を持つ文の解釈を、談話連結（D(iscourse)-link）と呼ぶ（Pesetsky 1987）。この談話連結とは、「何」などの疑問の表現が表わす内容が、談話の中で既に話し手と聞き手に了解されているという現象である。例えば、花に関して、「バラ」「菊」「百合」の3つが、談話の中で取り上げられている場合を考察しよう。話し手が聞き手に、その3種類の花の中で、どれが好きかを質問する時に、「どの花」という表現を用いる場合、これが談話連結された表現となる。この点を念頭において、文 (8c) の事例を見よう。この文に適切な解釈を付与したい場合には、先行する文脈で、いくつかの行うべき事柄が話題になっており、話し手が聞き手に対して、そのうちのどれを実行するかを質問する談話連結の文が発せられる状況が必要となる。

このように、談話の中である事柄を想定しているか否かといった区別は、英語の助動詞にも見られる。例えば、次の英語の be going to と will の違いを見よう。

（9） a. I'll buy some roses.
　　 b. I am going to buy some roses.

　この場合、(9a)の文は、話し手が花屋に行って、行き当たりばったりである花を買う場面で用いられる。一方、あらかじめ特定の種類の花を買うことを話し手が想定している場合には、(9b)の文を用いるのが自然である(Uyeno 1971に報告されているRobin Lakoffとの私信)。つまり、ここでは、命題内容が既に馴染みがあるという話者の認識(epistemic)に関する法(mood)や心的態度が表わされている。特に、認識のムード要素は、こういった命題に対する話者の確信の度合いを表わす際に用いられる。例えば、「明らかに」(obviouslyやapparently)や「驚いたことに」(surprisingly)という認識のムード副詞は、命題内容が話者にとって確信の度合いが高いか低いかを表わす(Cinque 1999)。また、認識のムード要素は、話し手が命題内容を前提として判断を下す意味を持つ。そのため、その前提部分は話し手の新たな情報を求める疑問文のスコープに入ることがない(Ernst2002: 104)。例えば、「あの人は驚いたことに仕事を終えましたか。」(*Has she *surprisingly* finished her work?)の変則性に見るように、認識のムード要素「驚いたことに」(surprisingly)は、疑問文のスコープ内に生じることが不可能となる。これと同様に、日本語の終助詞「さ」も、先に見たように、話し手が命題内容を前提としながら、話し手の確信の度合いが高いことを示す。その結果、終助詞「さ」は、新たな情報を求める疑問の助詞「か」とは共起せず、「*来たのかさ」という表現は非文法的となる。(ちなみに、対人関係を表わす他の終助詞は、このような性質を持たない。例えば、後に見る終助詞「ね」は、「来たのかね」の文法性に見るように、疑問の終助詞と共起可能である。)

　以上の考察から、終助詞「さ」は、「わ」と同様に、認識のムードの主要部を占めると結論付けることができる。統語的にも、終助詞「わ」と「さ」は、「*来るわさ」「*来るさわ」のように同時に生じることはなく、相補分布の関係にある。この事実は、認識のムードを表わす機能範疇の統語位置が1つしかない点に求めることができる。

以上の考察から、終助詞「さ」は、ムード階層において、終助詞「わ」と同様に、認識のムード句 (Epistemic Modal Phrase) の主要部を占めると結論付ける。終助詞「わ」と「さ」の違いは、命題の関連性に関する話し手の確信の強さと前提の強さにある。

(10) [*frankly* Mod _{speechact} [*fortunately* Mod _{evaluative} [*allegedly* Mod _{evidential} [*probably* <u>Mod _{epistemic}</u> [*once* T (Past)…

ちなみに、「さ」といくぶん似た終助詞として、「ぜ」がある。この終助詞「ぜ」も、話し手のムードを表わし、特に、確信の度合いが強い場合に用いられる。この確信の強さは、イントネーションでも表現されることがある。例えば、話し手が分からない情報を聞き手に求める時には、「来るか↗」のように上昇調のイントネーションになる。これは、上昇調のイントネーションが、聞き手に情報を求めている分だけ、自分が持っている情報量が少なく、話し手に確信がないためである。一方、「来るか↘」のように、下降調のイントネーションは、話し手の確信の強さを表わす。そのため、この下降調のイントネーションで「来るか↘」と言うと、それは、もはや疑問ではなく、聞き手を意識しない自分の落胆の気持ちを確信を持って表わす意味になる。この点を念頭において、終助詞「ぜ」を見ると、その特徴は、確信の強さを強調する点にある。この特徴により、終助詞「ぜ」を用いる話し手は、確信の強さを下降調のイントネーションにより表わす。そのため、「ワイルドだぜ↗」のように、上昇調のイントネーションで「ぜ」が発音されると、終助詞「ぜ」により自分の確信の強さを表明しておきながら、同時にそれについて確信がないというムードの情報が混在するため、コミカルな響きをかもし出すことになる。

終助詞「よ」

次に、終助詞「よ」を見よう。この終助詞は、話し手が聞き手に情報を与える際に、ある種の強調 (emphasis) をしていることを暗に示す (imply) 機能

を持つ (Uyeno 1971)。これに加えて、「よ」は、命題内容に関する話し手の確信の強さに関わる心的な態度を、聞き手に伝えるという伝達の機能を併せ持つ。

　まず、終助詞「よ」のムードの機能を見るために、次の文を考察しよう。

(11)　彼は元気がないようだ(* よ)。(松岡 2003)

ここでは、彼の元気がない状況が表わされている。この元気がないという心理状態は彼以外は知ることができない。そのため、この文で話者が彼の心的状態に立ち入った判断を下すムード要素の「よ」が用いられると、不自然な響きとなる。

　次に、終助詞「よ」の持つ対人的な側面を見よう。終助詞「よ」は、先に見た「わ／ぜ」とは異なり、伝達(reportive style)の機能を持つ(Kuroda 1973: 383)。つまり、「よ」は、「わ」や「さ」と異なり、聞き手を意識する対人的なムードの意味合いが強いのである。そのため、たとえ独り言の文で「よ」が用いられても、その文は「またかよ」という文に見るように、自分に対する問いかけをする意味合いを持つ。一方、「わ」には、対人的な伝達の機能がないため、同様の文で終助詞「わ」を用いて、「？またかわ」のような自分に問いかける文を作ることはできない。むしろ、「わ」は、「まただわ」という表現に見るように、自分の内面を専ら表わすムード用法の文に用いられる。

　以上、終助詞「よ」の持つ伝達のムードの側面を見た。次に、この終助詞「よ」の持つ「評価」のムードの側面を、次に見る A と B の対話文を基に考察しよう[3]。

3　Tenny (2006)は、終助詞「よ」が "I am telling you" という意味を伝えているとして、Speech Act Phrase の主要部を占めるとしている。この分析では、終助詞「よ」の持つ評価の解釈が捕らえられないと思われる。

(12) A: お名前は。
　　 B: *山田です(よ)。

　この会話文では、話者 B にとって、自分の名前は、評価 (evaluation) をする余地のない情報である。そのため、このような対話の状況で評価の意味合いを持つ終助詞「よ」が生じると、不自然な響きを伴う。この文をあえて解釈可能にするためには、特殊な場面設定が必要となる。例えば、B が記憶喪失に陥っていることを自らが認識しており、自分の名前であっても評価する余地が残されるような状況が必要となる。このような状況であれば、B は、「えーと。たしか山田でしたよ。」のように答えることが可能である。
　この終助詞「よ」と似た性質は、他言語にも見られる。例えば、英語の法助動詞 should は、命題内容の表わす事象 (event) が実現しないかもしれないことを話し手が認めている (admit) 場合に用いられる (Palmer 1979)。一方、法助動詞 must は、以下の例に見るように、命題内容が表わす事象に対して話し手が立ち入って (involve) いる場合に用いられる。そのため、話し手が立ち入って述べた内容を自らが否定する文が後続すると、次の (13a、b) に見るように不自然な響きの文が生じる。日本語の終助詞「よ」も同様に、(13c) に示されるように、命題内容の表わす事象に話者が立ち入って評価を下すという機能を持つ。(サラマッカ語の *abi-fu* と *fu* の違いにも同様の差が見られる (Aboh 2006)。

(13) a.　He should come, but he won't.
　　 b.　*He must come, but he won't.
　　 c.　?太郎は行くよ。行かないかもしれないけど。

　最後に、終助詞「よ」が持つ「驚き」(mirative) の働きを見よう。終助詞「よ」は、ある種の強調の意味を伴うが、次の (14a) に見るように、それに加えて、話し手が前の談話で提示した内容に対して、驚きを伴って否定する場合に用いられることがある。この点を次の (14a) に見る A と B との対話文を

みながら考察しよう。

(14) a.　A: 今日のパーティー、太郎は来ません。
　　　　B: え、来るよ。(宮川繁との個人談話)
　　 b.　Ku say-ka　　　cwuk-ess-keyss-*kuwun*-a!
　　　　that bird-NOM　die-ANT-EPISTEM-EVALUAT-DECL
　　　　'That bird must have died'

終助詞「よ」のこのような強調の用法に驚きの意味を伴う現象は、(14b)の文に見る韓国語の助動詞 kuwun にも観察される。そして、この驚きを伴う強調のムードは、話者の評価を表わすという性質に求めることができる(Cinque 1999)。ここから、同様の意味を持つ日本語の終助詞「よ」は、以下の普遍的なムードの階層において下線を施した評価のムード句(Evaluative Modal Phrase)の主要部を占めると結論付けることができる。

(15)　[*frankly* Mod _{speechact} [*fortunately* **Mod** _{evaluative} [*allegedly* Mod _{evidential} [*probably* Mod _{epistemic} [*once* T (Past)…

　ここで再び強調すべきは、前述の認識の終助詞「わ」や「さ」が話し手の認識ムードを表わすに対して、評価の終助詞「よ」が、聞き手の関与する対人表現(interpersonal expression)の側面を持つという点である。この点は、次の事実によって確認できる。例えば、話し手の認識を表わす「わ」や「さ」は、対人が関与する疑問の助詞「か」と共起しないが、聞き手も関与する対人の「よ」は、同じく対人が関与する疑問の助詞と共起可能である。

(16) a. *来るのかわ／さ。
　　 b.　来るのかよ。

この事実は、次のように説明可能である。話し手の認識を表わす「わ」や

「さ」は、聞き手が関与しないため、聞き手を必要とする疑問の助詞「か」と共起できない。一方、終助詞「よ」は、聞き手が関与する用法であるため、聞き手が関与する疑問の助詞と共起可能となるのである。

終助詞「ね」

　次に、終助詞「ね」を考察しよう。終助詞「ね」は、従来の研究においては「ねえ」「な」「なあ」等の変異形 (variant) があるとされることがある (Uyeno 1971)。本節では、主に終助詞「ね」と「な」を考察の対象とする。

　まず、終助詞「ね」の主たる機能は、話し手の命題に対する弱い「確認」を聞き手に対して行うという発話行為にある。つまり、話し手が聞き手に対して両者の命題に対する心的態度が一致していることを確認するという機能を持つのである。その働きは、英語の付加疑問文 (tag-question) と似た側面を持つ。つまり、話し手は、「ね」を使うことで、聞き手から同意 (agreement) を求めるという発話行為を行っているのである。

　一方、「ね」の変異形とされる終助詞「な」には、必ずしも聞き手が存在する必要はない (中川・小野 1996)。例えば、次の (16a-b) に見る「ね」と「な」の最小対立の文において、「な」を含む文は、「ね」を含む文とは異なり独り言でも自然に用いることが可能である。

(17) a. 出かけたな。
　　 b. 出かけたね。

独り言で使用できるムード要素は、話し手の認識を表わすムードであるのに対して、聞き手を必要とするムード要素は、対人のムードである。この点で、「な」と「ね」は異なるムード体系に属し、カートグラフィー研究では、「な」と「ね」に異なる統語的な振る舞いも見られれば、異なる機能範疇で認可されると想定する。実際、(17) に見るように、「ね」と「な」は統語的な分布が異なる。つまり、「ね」は、他の終助詞「わ」の後に生じることが可能であるが、「な」は、それが不可能である。

(18) a. 来たわね。
　　 b. *来たわな。

　さらに、終助詞「ね」と「な」の違いを証拠性の点から見よう。終助詞「ね」は、話し手が聞き手に対して確認をするという発話行為の機能を持つのだが、「な」にはそのような機能はない。むしろ、「な」は、証拠性のムードを表わす傾向が強い。この点を、次の例を見ながら考察しよう。

(19)　火事だ(な／なあ)。(Uyeno 1971)

ここで、終助詞が用いられない場合には、火事が発生したという事象を話し手が、目撃をするという直接的な証拠を基にして、中立的な判断を下している。一方、終助詞「な」が用いられると、例えば、話し手が自分の部屋にいて、消防車のサイレンの音など何らかの火事の間接的な証拠を基にして、話し手が火事が発生しているという事柄に対して判断を下していることが暗に示される。これらの場合の証拠は、証拠性(evidentiality)と呼ばれ、直接的な証拠(direct evidence)と間接的な証拠(indirect evidence)に下位区分される。上の文で終助詞「な」が用いられた場合には、音による間接的な証拠によって話し手の認識が表わされる。一方、終助詞がない場合には、直接に目撃をするという直接的な証拠によって話し手の認識が表わされる。
　証拠性のムードは、一般に、ある証拠を基にした話し手の主観的な判断でありさえすれば良いので、必ずしも聞き手を想定する必要がない。この点で、「ね」と「な」は異なる。つまり、発話行為の終助詞「ね」は、聞き手を想定した話し手の証拠に基づく判断形式であるのに対して、一方、「な」は、聞き手を想定する必要がない話し手の証拠に基づく判断形式である。この点は、疑問の終助詞との共起関係によっても確認することができる。発話行為の終助詞「ね」が聞き手を必要とする疑問の助詞「か」と共起した場合には、(20a)の文に見るように、聞き手が想定される解釈が自然である。一方、証拠性に基づく話し手の認識「な」が疑問の助詞「か」と共起すると、

(20b) の文に見るように、聞き手に問いかけているというよりは、むしろ話し手自身に問いかける独り言の解釈が自然となる。

(20) a. さあて、どうしますかね。
　　 b. さあて、どうしますかな。

　以上をまとめると、終助詞「ね」は、ムードの階層において、聞き手に対して確認をするという発話行為を行う終助詞であるため、普遍的なムード階層においては、以下で下線を施した発話行為のムード句（Speech-act Mood Phrase）の位置に生じると結論付けられる。一方、終助詞「な」は、証拠性を持つムード表現であるため、証拠のムード句（Evidential Mood Phrase）というムード階層に生じる。

(21)　[*frankly* Mod $_{speechact}$ [*fortunately* Mod $_{evaluative}$ [*allegedly* **Mod**$_{evidential}$ [*probably* Mod $_{epistemic}$ [*once* T (Past)…

　以上、終助詞「わ」「よ」「ね」「な」の性質を考察した。この結果は、次の統語階層により表わすことができる。

(22)　Speech-Act ＞ Evaluative ＞ Evidential ＞ Epistemic…述語
　　　　　ね　　　　　よ　　　　　な　　　　　わ

　このムード要素の階層を類型論的に見ると、日本語の終助詞のムード階層性は、英語などの言語のムード副詞の階層性と鏡像関係（mirror image）にあることがわかる。これは、言語習得の点から見ると、分かりやすい。子供は、生まれた時に普遍的なムード階層の知識を持っており、それを言語習得の際に活用する。英語と日本語の話者が異なるのは、英語では、そのムード階層が副詞を習得する際に用いられるのに対して、日本語では、同じムードの階層が、終助詞を習得する際に用いられるのである。

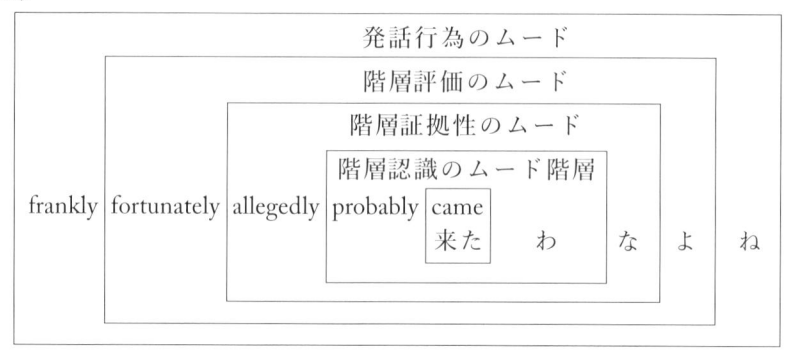

(23)

発話行為のムード								
	階層評価のムード							
		階層証拠性のムード						
			階層認識のムード階層				
frankly	fortunately	allegedly	probably	came 来た	わ	な	よ	ね

　さらに、このムードの階層が英語と日本語では、鏡像関係にある点に対して、原理的な説明を試みよう。この日本語と英語の階層性が共通しているのは、鏡像原理(Baker 1988)により捉えることが可能である。この原理は、動詞の一番近くに生じる要素は、動詞の次の低い階層に属し、そこから離れれば離れるほど動詞から遠く高い階層に属するという趣旨である。終助詞が多重に生じる事例をムード階層の構造の点から見ると、動詞の次に生じる終助詞「わ」は、動詞のすぐ上の認識のムードの階層に属する。そして、それに後続する「よ」は、その上の評価のムード階層に生じる。さらに、その次に生じる「ね」は、またさらにその上の発話行為の階層に属する。鏡像原理により、動詞に近い階層の終助詞が動詞の近くに生じ、動詞から遠い階層の終助詞は動詞から離れて生じる。その際に、不可能な終助詞の配列(例えば、「来たわーよ」とは言えるが、「*来たよーわ」とは言えないの)は、次のような原理的な説明が与えられる。これら終助詞は、普遍的なそれぞれの意味に適合するムード階層に生じることにより、その配列順序が決定されている。そのため、その順序は鏡像原理により変化させることができないのである。ここで原理的な(principled)とは、一般性のある原理(ここでは、普遍的に与えられたムード階層)から導かれる、というくらいの意味である。

　一方、英語でも、ムードの副詞は同じ階層で配列されるのだが、日本語と英語の違いは、次のように説明される。日本語のムードを表わす終助詞は、

各階層の主要部である。日本語の主要部は、各階層の右に生じるというパラメーターの値を持つため、階層が高い要素は階層の低い要素よりも右に生じることになる。一方、英語のムード副詞は、各階層の指定部の位置に生じる。指定部は、どの言語でも、各階層の左に位置する。その結果、ムード副詞は、高い階層の要素が低い階層の要素よりも左に生じることになるのである。

　最後に、従来の終助詞研究と本節におけるカートグラフィー研究の違いに触れておこう。従来の日本語学や国語学における終助詞研究では、個々の終助詞の特質を解明することに多くの力が注がれてきた。しかし、終助詞が多重に生じる場合、そもそも何故ある特定の線形順序に配列されるかという根源的な問いには、原理だった説明が与えられることがなかった。(神尾(1990)の研究は、終助詞の配列を「情報の縄張り」という点から統一的に説明しようとした点で異彩を放っている。しかし、そこでも、普遍的な視点(特に統語的な側面)が、抜け落ちている。)一方、本節で議論の中心に据えられている普遍的なムード階層の視点は、ある特定の終助詞の配列順序が、なぜそのように配列されているかという根本的な問いに原理的な説明を与える。つまり、終助詞を含め、さまざまな機能範疇が関わる要素の配列順序は、類型論の研究成果を統合することによって得られた普遍的な階層と普遍文法研究の鏡像原理の組み合わせから、自動的に導かれるのである。本節での終助詞の研究は、国語学や日本語学での研究で抜け落ちていた根源的な問いに答えを与えると共に、主語の節で見たように、終助詞の持つ名詞性について新たな統語的な事実を解明するという精度の高い類型論の視点を新たに提供している。

　最後に、ムード表現に関わる未解決の問題を見よう。まず、類型論的に見ると、日本語においては、ムード表現が多重に生じることが可能である（仁田1987）。一方、英語等のインドヨーロッパ系の言語では、ムード表現が典型的には、1文中に1つだけ生じるという制限がある。この違いをどのように導き出すかは現在のところ、未解決の問題である。さらに、日本語においてムード表現が多重に生じる場合、なぜ、複数の心的態度を同時に表わすことが可能かという問題がある（Noam Chomsky 個人談話）。これは、ムード

を尺度(scale)という観点から見ると、その解決の糸口が見つかりやすい。例えば、話し手の確信の度合いという尺度から見ると、各終助詞は、さまざまなムードの尺度の両端にある「高い」と「低い」の間の位置に属する。ムードの尺度は、確信の度合いの尺度に加えて、証拠性の尺度など複数あるので、それらの尺度を1つの文で複数用いてムードの判断をしても、論理的に何ら矛盾がないのである。もちろん尺度の中には、共存することが難しい種類のものもある。例えば、終助詞「よ」は「火事だよね」という文に見るように、他の終助詞と共起する場合は、尺度が共存可能であるが、終助詞「な」は、「*火事だなね」の非文法性に見るように、他の終助詞とは共起しないことから、尺度が矛盾する事例もある。これら尺度の詳細な性質は、現在のところ、将来の研究を待つ未解決の問題である。

　さらに、言語習得に関わる未解決の問題を見よう、カートグラフィー研究では、日本語を習得する子供であれ、英語を習得する子供であれ、上で見たムードに関わる普遍的な階層を習得する必要はない。それは、この様々なムードの意味を持つ機能範疇の階層構造が、生得的に子供の脳に与えられているからである。そして、これらの意味を持つ機能範疇の階層構造は、意味部門の形と対応している。(カートグラフィー研究の主たる関心は、この階層自体を類型論的な視点で構築することにある点に注意。)そのため、文の統語構造と意味が直接的に繋がる仕組みになっている。この考えは、類型論的な観点から、意味を持つ機能範疇の階層構造を明らかにすることにより、カートグラフィー研究が、とらえどころのない生まれた時の初期の意味の構造がどのようなものかを解明する強みを持っている。ただし、その意味構造の詳細は、将来の研究を待つ未解決の問題である。

　さらに別の未解決の問題として、競合する理論について触れておこう。現代の理論言語学の分野では、ムード要素の配列順所を、上で見たムードに関わる階層的な機能範疇を想定しない理論もある (cf. Ernst 2001)。そのような理論では、ある意味を持つ要素が別の機能語を意味的に選択(selection)するという手法がとられる。そこでは、ある機能語と別の機能語が離れた位置に生じる場合には、その機能語の間の順序や選択の関係を捉えるために、局所

的でない選択関係を計算する複雑な規則が別途必要となる (Ernst 2001)。そのような複雑な意味の計算式を、子供がどうやって短期間のうちに習得することができるかは、現在のところ未解決の問題である。一方、カートグラフィー研究では、ムード要素の配列は、生得的に与えられているので、要素間の選択に関わる問題は生じない。しかし、現実的には、普遍的な階層の間には、局所的な入れ替えがなされる場合がある (Rizzi 1997)。そのため、カートグラフィー研究は、どのような階層の配列の入れ替えが可能かを調査する必要がある。これは現在のところ、未解決の問題である。

コラム：右方転移

ここでは、次に見るような、文中の要素が右方に転移したかのように見える文を考察する。

（1） バカだよ、花子は。

ここでは、述語「バカだよ」の主語である「花子」が、文の右端に生じている。ここで、「花子」は、「バカだよ」の主語位置から、文末に移動した訳ではない。この点を見るために、次の文を考察しよう。

（2） あいつはバカだよ、花子は。

ここでは、述語「バカだよ」の主語が、明示的な名詞表現の「あいつは」により示されている。そして、その主語「あいつは」に対応する表現が、述語の後ろで「花子は」という別の形で生じている。要素が移動する前と移動後に音形が変化することは一般にはないので、(1)において文末に生じる「花子は」は、その前の文「あいつはバカだよ」とは独立して生成されることとなる。具体的には、問題の文は、次の2つの文を持ち、同一要素である述語が省略されるのである。

（3） あいつはバカだよ、花子はバカだよ。

　では、この場合、2つ目の文に生じる要素は、どのような統語的な位置を占めるのであろうか。情報構造の観点から見ると、問題の位置は古い情報(old information)に関わる階層である。この点を見るために、(4a)の文を見よう。ここでは、主語の「おじいさんとおばあさん」が、談話の中ではじめて導入される新しい情報(new information)となっている。このような文脈において、その主語は、「は」を伴うことが難しい。これは、新たに導入される文脈で新しい情報が求められているのに、「は」を伴う名詞表現が古い情報を持つためである。そして、このような文脈では、同様に、述語の後ろに名詞表現を用いると、(4b)に見るように、座りの悪い文となる。

（4）a. 昔々ある村におじいさんとおばあさんが／?は住んでいましたとさ。
　　 b. ?昔々ある村に住んでいましたとさ、おじいさんとおばあさんが。

　上の考えは、さらに疑問表現でも確認することができる。例えば、話し手が聞き手に新たな情報を求める「誰」「何」といった疑問表現は、述語の後ろに生じることができない。これは、問題の構文において、その文末に生じる要素が古い情報であるのに対して、疑問表現が新しい情報を持つという矛盾が生じるためである。

（5）a. 君は何を買いましたか。
　　 b. ?君は買いましたか、何を。

　では、述語の後ろに生じる主語は、「は」によって表わされるトピックの階層にあるのであろうか。答えはノーである。この点を見るため

に、日本語におけるトピックを表わす「は」の性質に着目しよう。まず、日本語には、(6)に例示される「全員」「誰か」「AかB」といった、「は」とは共起しにくい表現が存在する（Endo 2007, Lee and Tomioka 2001）。

(6) a. 全員が／?は
　　b. 誰かが／?は
　　c. 太郎か次郎が／?は

これらのトピックの「は」を伴えない表現は、(7)に見るように、問題の構文において、述語の後ろに生じることが可能である。

(7) a. 試験を受けたよ、全員が。
　　b. 君の留守中に来たよ、誰かが。
　　c. その仕事をやれないかなあ、太郎か次郎が。

もし、問題の構文において、文末に生じる要素が、「は」によって表わされるトピックの位置を占めるのであれば、これらの文は、(6)と同様に、非文法的となることが予測される。しかし、実際は、「全員」「誰か」「太郎か次郎」というトピックの「は」とは共起しにくい表現が、問題の述語の後ろの位置に生じるのであるから、述語の後ろの位置は、「は」を伴うトピックの位置ではないと結論付けることができる。では、この構文において文末の位置は、どのような階層に属する位置なのであろうか。これは、「古い情報（old information）の位置」と考えることができる。つまり、トピックと古い情報とは重なる部分もあるが、重ならない部分もあるのである。この違いが、統語的に異なる位置として想定されることを、問題の右方転移の文は示している。

　最後に、類型論的な観点から、問題の構文を考察しよう。この構文は、「確認」という発話行為を話し手が行う機能を持つという特徴がある。このような確認の発話行為は、英語にも見られる。例えば、次の例

を見よう。

（8） This is your pen. Right?

この Right? は、Isn't that right? という文を省略した形で、次の文に見るように、日本語の右方転移と同様に、文 isn't that right の isn't that の部分を省略した文である（Kayne 2012）。

（9） This your pen. ~~Isn't that~~ right?

　似た英語の文末の表現として、Again? がある。

（10） Where do they live? Again?

　この Again? は、Tell me again? を省略した形で、相手の話が聞き取れなかった時に、使われる表現である。

（11） Where do they live? ~~Tell me~~ again?

これらの文末表現の特徴は、主文に生じるという点にある。つまり、(12d)に見るように、補文には、生じることがない。

(12) a. ?君は試験を受けたか知っているかい、全員が。
　　 b. ?太郎が君の留守中に来たと言っていたよ、誰かが。
　　 c. ?私はその仕事をやれると思うよ、太郎か次郎が。
　　 d. *I wonder if we're on the list, right?

　では、日本語に見る文末表現は、階層的にどの位置に生じるのであろうか。この点を確認するために、次の文を見よう。

(13) a. 試験を受けたと思う、うちの学生は全員が。
　　 b. ?試験を受けたと思う、全員がうちの学生は。
　　 c. 現場に行ったのかな、うちの部署は誰かが。
　　 d. ?現場に行ったのかな、誰かがうちの部署は。
　　 e. その仕事をやれないかなあ、うちのクラスは太郎か次郎が。
　　 f. ?その仕事をやれないかなあ、太郎か次郎がうちのクラスは。

ここでは、「は」を伴うトピック表現の後ろに、「は」を伴うことがむずかしい「全員」「誰か」「太郎か次郎」が生じている場合には、自然な文に聞こえるが、これが入れ替わると据わりが悪い文となる。(この場合、「は」の表現と「が」の表現に長い間を置いて発音すると、別の挿入の用法となり、多少は据わりが良くなる。)ここから、述語の後ろに生じる「は」を伴わない名詞表現は、「は」を伴うトピックの位置よりも低い階層にあることがわかる。「は」を伴う場所や時間の表現と古い情報は、入れ替えが多少、より自然に聞こえると言う話者もいる。この点はさらに調査が必要な未解決の問題である。

(14) a. 試験を受けたと思う、今日は全員が。
　　 b. 試験を受けたと思う、全員が今日は。
　　 c. 現場に行ったのかな、その日は誰かが。
　　 d. 現場に行ったのかな、誰かがその日は。
　　 e. その仕事をやれないかなあ、その日は太郎か次郎が。
　　 f. その仕事をやれないかなあ、太郎か次郎がその日は。

コラム：局所性(相対最小性)

カートグラフィー研究では、要素の階層を特定する際に、相対最小性の原理が有効な手段として用いられる。そこで、この原理の意味するところを分かりやすく比喩を交えながら紹介する。相対最小性(relativized minimality: RM）の背後にある基本的な直感は、似たタイプの表現を飛び越して移動することが難しいというものである（Rizzi 1990）。例えば、次の英語の事例を見よう。

（1）　*How do you wonder who ate natto?

この場合、how は同じ wh 表現の what を飛び越して移動することで、非文法性を生み出している。この状況は、次のような喩えで表現できる（Endo 2007）。刑事ドラマで、犯人が海外への逃亡を試みている。しかし、刑事がその犯人の写真を持って、捕まえようと待ち構えている。犯人は、服や髪型など多少の違いがあっても、同じタイプの顔の人物と特定されると、捕まってしまう。Wh 表現も同じで、それ（=how）が移動しようとすると、間に同じタイプの写真（=who）を持った刑事が、待ち構えているため、文頭まで移動することができない。

（2）　How do you wonder who ate natto?
　　　犯人　　　　　　犯人の写真

しかし、刑事ドラマの場合には、犯人が覆面をかぶって変装をするなどの工夫をすれば、その容貌は変わり、海外に逃亡することができる。これと同様に、wh 表現も、本来は、新しい情報を求める性質を持つのだが、それについて談話の中で既に話題になっており、異なる古い情報の表現 which~ になると、移動が容易になる。

（3）　With which instrument do you wonder who ate natto, chopsticks or a fork?
　　　変装した犯人　　　　　　　　　　　　犯人の写真

　つまり、相対最小性とは、ある要素が移動する際に、どのようなタイ

プであるかを知る道具として用いることができるのである。つまり、あるタイプの要素を別の似たタイプの要素を飛び越して移動させてみて、非文法性が生じれば、その移動要素の着地点となる階層は、飛び越される要素と同じタイプの階層であると考えられる。逆に、あるタイプの要素を別の似たタイプの要素を飛び越して移動させてみて、文法的となれば、その移動要素の着地点は、飛び越される要素とは違うタイプの階層であると考えられるのである。このように、移動先の階層の意味が相対最小性を用いることで解明可能となる。

　同じ相対最小性の効果は、日本語の対応表現にも見られる。次の例を見よう。

（４）　君は［花子が何をどのように食べたか］知っていますか。

　この文は、括弧で囲まれた補文の内部にある「どのように」だけを問う直接疑問文として解釈することが、極めて難しい。これは、次に見るように、補文の中で疑問表現の「何」と「か」が結びついており、それを超えて別の疑問表現の「どのように」が、主文の「か」と結びつくことが阻止されているためである。

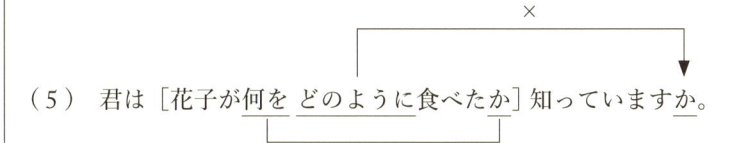

（５）　君は［花子が何を どのように食べたか］知っていますか。

統一原理の観点からすると、この事実は、英語で顕在的に wh 要素が移動する場合と同じ効果が日本語では非顕在的に疑問表現に見られるので、日本語でも、疑問表現が文頭へ移動していることを意味する。つまり、目には見えなくとも、「何」が移動する着地点が文頭にある。そして、さらに英語の場合と同様に、「何」を古い情報にする談話を設定すれば、次に見るように、補文の内部にある疑問詞が主文の「か」と結びつけて直接疑問文に解釈することが容易になる。

（6）君は花子が何を食べたかを知っていると言いましたよね。それでは、この金のスプーンとあの銀のスプーンのうち、君は［花子が何を<u>どちらのスプーンで</u>食べたか］知っていますか。

ここでは、花子が何かを食べていたこと、そしてそれを食べていたスプーンについて、一番目の文と2番目の文で既に話題に取り上げられている。このような場合、その既に話題となっているスプーンの内容を補文の「か」を飛び越して問うことが、（5）の文よりは、容易となっている。

　相対最小性の効果の別の事例として、トピック表現を見よう。英語では、文頭に生じるトピックの表現の数に制限がある。一方、イタリア語では、トピックの表現は文頭にいくつでも生じることが可能である。つまり、英語とイタリア語はトピックの数に関して異なり、英語では、2つを同時に文中から取り出してトピックにすることは難しい（Rizzi 2012）。

（7）a. ?John, your book, I convinced 〈John〉 to buy 〈your book〉.
　　　　（ジョンについていえば、あなたの本に関して、私は買うよう納得させました。）
　　b. ?John, YOUR BOOK, I convinced 〈John〉 to buy 〈your book〉.
　　　　（ジョンについていえば、他の人の本ではなくてあなたの本を私は買うよう納得させました。）

ここでは、英語の場合に、トピック要素が、文中から移動しており、その移動が別のトピックの要素により阻止されることが示されている。一方、イタリア語では、トピックは移動によらず、最初から文頭の位置に生じ、それに後続する文とは、代名詞が先行詞を指す関係で認可されている。これは、イタリア語では、発音されない代名詞を自由に使うことができるためである。そのため、イタリア語のトピック表現は、複数生

じることができる。しかし、英語のトピック表現でも、名詞表現を2つ同時にトピックにするのではなく、1つを前置詞句にしてトピックとすると、容認性が向上する。これは、名詞のトピックと前置詞のトピックが異なるタイプと認識されるためである。

(8) Words like that, in front of my mother, I would never say 〈words like that〉〈in front of my mother〉.
（このようなことについて、私の母の目の前で、私は言わないでしょう。）

この点を念頭において、日本語の事例を見よう。日本語は、「は」を伴う表現が複数生じた場合、その1つは、トピックに解釈されるが、もう1つは対比のフォーカスとして解釈されることが多い。

(9) 日本人は男性は寿命が短い。

ここでは、最初の「は」を伴う「日本人」はトピックとして解釈可能であるが、次に生じる「は」を伴う「男性」は、トピックとして解釈できない。むしろ、「女性ではなく男性が」という対比のフォーカスの意味に解釈される。日本語は、イタリア語と同様に、談話の中で了解されている要素を明示しないですませることができる言語である。しかし、日本語では、(9)に見るように、複数のトピック要素を同時に認可することは難しい。これは、日本語とイタリア語では、トピックの認可の仕方が異なることを示唆している。しかし、それが具体的にどのような認可の違いであるのか、そして、その詳細は、現在のところ未解決の問題である。

最後に、相対最小性の問題を見よう。相対最小性は、移動により形成される連鎖に課される原則と考える立場がある（Rizzi 1990, 2004）。この場合、連鎖は、次のように定義される。

(10) 同一性：移動前の要素と移動後の要素は同一（copy theory）
卓立性：移動後の要素は移動前の要素を c 統御する（c-command）
局所性：移動前の要素と移動後の要素の間に同じタイプの要素が介在しない（intervention）

連鎖が持つこれらの 3 つの要件は、それぞれが独立した一般性（modular independence）を持つ。そのため、1 つの要件が満たされない事例もある。

同一性がない事例：代名詞の束縛：wh の島を飛び越して代名詞の束縛が可能。
(11) 太郎は［花子が何を 彼にプレゼントしたか］知っている。
卓立性がない事例：空所化（gapping）：空所の動詞が線的に一番近い動詞を選択する。
(12) 太郎がソバを φ (＝作り／＊食べた)、次郎がスープを作り、そして三郎がカレーを食べた。(φ ＝動詞の空所)

一方、相対最小性を、移動に課される制約とする立場もある (Starke 2001)。どちらの立場が正しいかは、現在のところ未解決の問題である。

4.2. 情報のフォーカス

本節では、情報のフォーカスの特徴を、文頭に生じる対比のフォーカスと比較しながら考察する。

情報のフォーカスは、疑問文の答えや否定の対象となる機能を持つ。類型論的には、情報のフォーカスは、動詞に近くにある低い階層に生じる。日本語では、情報のフォーカスは、典型的には、動詞のすぐ左の要素に付与される (cf. Kuno 1980)。この点を次の A と B の対話文を見ながら考察しよう。

(24) A: 君は何を買いましたか。

B:　私は本を買いました。

ここでは、Aの用いる「何」を含む質問に対して、Bがその答えとして「本」を提示している。この場合、「本」が情報のフォーカスである。
　日本語における情報のフォーカスは、以下に見る特徴を持つ。まず第1に、情報のフォーカスは、対比のフォーカスとは異なり、助詞に強勢を伴うことが通例はない。例えば、上の会話でBの答えとなる「本を」の助詞「を」が強勢を伴って発音されると、不自然な文となる。

(25)　A:　君は何を買いましたか。
　　　B:　?私は本を買いました。（下線は強勢を示す）

　第2に、情報のフォーカスの位置は、日本語においては動詞のすぐ左にある。例えば、(26)の会話に見るように、Bの答えの「本を」が文頭に生じると、不自然な文となる。

(26)　A:　君は何を買いましたか。
　　　B:　本を私は買いました。　　　　　　　　　　（cf. Ishihara 2003）

　一方、目的語の「本を」が対話文において文頭に生じる場合には、(27)のAとBの対話文に見るように、目的語の「本を」が会話の中で既に導入されていることが必要となる。これは、こういった文脈において、文頭に生じる「本を」が、情報のフォーカスにはならないためである。

(27)　A:　君はその本をどうしたのですか。
　　　B:　その本を私は売ったのです。

　以上、情報のフォーカスの階層の特徴を、対比のフォーカスと比較しながら考察した。

4.3. 否定とフォーカス／トピック

　日本語では、文が「主語―目的語―動詞」の基本語順を持つ場合、目的語は情報のフォーカスとなることができる。例えば、(28a)の文では、目的語の「全員」が部分的に否定される情報のフォーカスの解釈が可能である。一方、(28b)の文では、主語の「全員」が情報のフォーカスとして部分否定の解釈を受けることが難しい。

(28) a.　先生が全員を批判しませんでした。
　　 b.　全員が先生を批判しませんでした。

　主語が情報のフォーカスとして部分否定されるためには、(29–30)に見るように、目的語が文頭に移動したり、補文の中に生じる必要がある。

(29)　先生を全員が批判しませんでした。
(30)　太郎は［全員が先生を批判しなかったことを］知りませんでした。

　以上の違いは、次のように説明される。主文の文頭の要素は、トピックと解釈されやすい。トピックは、話し手が聞き手にとって了解済みと想定する古い情報であるため、それを否定のフォーカスとして解釈することが難しいのである。例えば、(29)においては、目的語が文頭に移動したため、主語の「全員」がもはや文頭の位置にはなく、トピックとして解釈されない。そのため、主語の「全員」は、動詞のすぐ左の位置で情報のフォーカスとして否定されることが可能となる。
　次に、(30)の文を見よう。ここでは、括弧で囲まれた補文の性質が重要である。(31)に見るように、補文の中に「は」が生じた場合に、それはトピックとして解釈することは通例の場合は難しい。むしろ、対比のフォーカスとして解釈される。この事実は、(32)に図示したように、補文の中には、トピックの階層がないことを示している。

(31) 太郎は［花子は来ることを］知りませんでした。
(32) ［主文［トピック…［補文　トピック…

　この補文の中にはトピックの階層がないという性質を念頭において、問題の(30)の文を見よう。ここでは、なぜ補文の主語「全員」が情報のフォーカスとして否定されることが可能なのだろうか。これは、次のように説明される。補文においては、トピックという統語的な位置を持たないため、補文の文頭に生じる主語は、古い情報のトピックとは解釈されない。その結果、主語の「全員」は、情報のフォーカスとして否定されることが可能となるのである。
　英語においては、いくぶん状況が異なる。英語では、(33)に見るように、主文においては、目的語も主語も情報のフォーカスとなり、主語が部分否定の解釈を受けることが容易である。

(33) a.　John did not criticize everyone.
　　 b.　Everyone has not done the homework.

(33a)の文では、ジョンが批判したのが全員ではないという部分否定の解釈が示されている。同様に、(33b)の文では、宿題をしたのが全員ではなく、しなかった学生も数名いたという主語が部分否定される解釈が可能となっている。この事実は、英語において、主文の文頭の位置が必ずしもトピックとは解釈されないため、主語が否定のフォーカスになり部分否定されることが可能となるのである。この英語と日本語の差が何故生じるかは、現在のところ未解決の問題である。
　さらに、情報のフォーカスには、イントネーションが深く関わっている。例えば、(34)の英文に見るように、主語の後ろが下降調のイントネーションで発音されると、その主語を部分否定する解釈が不可能となる。この下降調のイントネーションは、英語においてトピックを表わす機能を持つ。そのため、主語の後ろが下降調のイントネーションで発音されると、その主語は、

古い情報を表わすトピックとなり、情報のフォーカスにはならない。つまり、部分否定の解釈を持つことが通例は不可能となる。この事実は、下降調のイントネーションという随意的な操作により、主語がトピックとして解釈されるという新たな意味効果を生み出すことを示している。

(34) Everyone ↘ has not done the homework.

（↘は下降調のイントネーションを示す）

さらに、否定とムードの関係を見よう。(35)の英文に見るように、英語では、主語が統語的に高いムードの副詞表現の左に生じると、それは古い情報であるトピックと解釈される。そのため、主語の名詞表現が部分否定で解釈されることは通例ない。(特殊なイントネーションで、主語位置をフォーカスにすることが必要となる。)これは、高いムード副詞が、主語の位置よりも上位の階層にあることを示している。つまり、高い副詞よりも左に生じることで、意味上の主語は、主語の階層ではなく、トピックの階層を占めることとなる。このようにトピック要素として働く主語は、情報のフォーカスとして解釈されることは難しい。そのため、主語が統語的に高いムードの副詞表現の左に生じると、それは部分否定で解釈されることは通例ないのである。

(35) Everyone {probably/as far as I know} has not done the homework.

以上、本節では次の点を述べた。

(A) 動詞のすぐ左の低い階層は、日本語において、情報のフォーカスとして解釈される位置。
(B) 情報のフォーカスは、否定や疑問のフォーカスに解釈することが可能。
(C) 主文の文頭は、トピックとして解釈されやすく、情報のフォーカスにはなりにくい。
(D) 補文は、トピックの階層を持たず、否定のフォーカスとして解釈するこ

4.4. トピック

本節では、「は」を伴うトピック表現とそれに関わる構文の特徴を考察する。まず、トピック表現の基本的な特徴を整理しよう。「は」を伴うトピック表現は、主に主文に生じ、話し手と聞き手の間で共有されている古い情報を表わす。日本語では、「は」を伴う表現は、それが強勢を伴わない場合、トピックとして解釈される。一方、「は」に強勢を伴う表現は、対比のフォーカスとして解釈される(cf. 久野 1978)。

補文の中では、「は」を伴う名詞句がトピックとして解釈されることは、引用の用法を除いては、通例はない。例えば、次の(36a)の文では、「は」を伴う「太郎」が主文に生じているため、それをトピックとして解釈することが可能となっている。一方、(36b)の文では、「は」を伴う「太郎」が補文に生じているため、それをトピックとして解釈することは通例はできない。この場合、「太郎は」の「は」には強勢が置かれ、他の人と対比をする対比のフォーカスとして解釈される。ちなみに、(36c)は、括弧の中が直接の引用を表わす用法なので、その文が主文として機能している。このような場合は、括弧の中に生じる「は」を伴う名詞句が、「は」に強勢を伴うことなく、トピックとして解釈されることが可能である。

(36) a. 太郎は背が高い。(トピック)
　　 b. 私は［太郎は背が高いと］思っていた。(対比のフォーカス)
　　 c. 太郎は［俺は足が速いんだと］言った。(直接引用)

次に、「は」を伴うトピック表現の意味内容に着目しよう。「は」を伴う名詞表現は、次の特徴を持つ。

1) 人：「人」という意味内容が乏しい名詞表現は、「は」や「〜に関してい

えば」という表現を伴って、それをトピックとして解釈されることが難しい。例えば、(37a)では、「人」が「が」を伴い、「ちらほら来た人がいた」という存在の意味には解釈可能であるが、(37b)に見る文で、「は」と共起してトピックと解釈されることはない。むしろ、「動物ではなく人」という対比のフォーカスで解釈されてしまう。ただし、「人」は、(37c)に見るように、「総称」の意味に解釈することは可能である。

(37) a. 人がちらほらやって来た。
 b. ?人はちらほらやって来た。
 c. 人は弱いものだ。
 d. ?人に関して言えば、…

2) 見知らぬ人：話し手と聞き手の間で共有されていない情報であることを表わす「見知らぬ人」という名詞句は、「は」や「〜に関して言えば」という表現を伴って、それをトピックとして解釈することが難しい。例えば、「見知らぬ人」という表現が、(38a)に見るように、「が」を伴って、「突然現れた見知らぬ人がいた」という存在の意味には、解釈することが可能であるが、(38b)に見るように、「は」と共起してトピックと解釈されることはない。ただし、(38c)に見るように、総称の意味に解釈されることは可能である。

(38) a. 見知らぬ人が突然現れた。
 b. ?見知らぬ人は突然現れた。
 c. 見知らぬ人は不意に現れるものだ。

3) 「AかB」という表現は、(39a)に見るように、「は」を伴って、それをトピックとして解釈することが難しい。一方「AとB」という表現は、(39b)に見るように、「は」を伴って、それをトピックとして解釈する

ことが可能である。(これは、「AかB」という表現が、AとBのうちのどちらか1つに指示対象を特定することができないため、トピックに特有の特定の人を指せないためと考えられるが、その詳細は、未解決の問題である。)

(39) a. ?太郎か花子はここにいます。
　　 b. 太郎と花子はここにいます。

4) 全員：「全員」という名詞は、(40a)に見るように、「は」や「〜に関して言えば」という表現を伴って、それをトピックとして解釈することが難しい。一方、似た意味を表わす「みんな」は、(40c)に見るように、「は」を伴って、トピックとして解釈することが可能である。

(40) a. ?全員は元気でやっています。
　　 b. 全員が元気でやっています。
　　 c. みんなは元気でやっています。

5) 遊離数量詞：「3人」といった数量表現が「の」を伴って、「学生」などの被修飾要素を前から修飾する構文では、(41a)に見るように被修飾表現が「は」を伴い、トピックとして解釈することが可能である。一方、「3人」といった数量表現が、「学生」などの被修飾要素から遊離して、その後ろに生じる構文では、(41b)に見るように、被修飾要素が「は」を伴ってトピックとして解釈することが難しい。(41b)を強いて解釈する場合には、他の学生と対比するなど、対比のフォーカスの解釈が必要となる。)

(41) a. 例の3人の学生は今私のうちにいます。
　　 b. ?例の学生は3人今私のうちにいます。

6) 逆行束縛構文：先行詞が「自分」という表現よりも後ろに生じる逆行束縛構文においては、(42a)に見るように、その先行詞が古い情報を持つトピック性を持ち、先行詞が前に生じる対応構文において「は」を伴い(=42b)、トピックとして解釈することが可能である。(cf. 野田 1985)

(42) a. 自分の息子が山田さんの誇りだ。
　　 b. 山田さんは自分息子が誇りだ。

英語でも、逆行束縛の構文における先行詞は、古い情報を表わすことが求められる。通例は、(43)に見るように定冠詞を伴うなどして古い情報を表わす。

(43)　Pictures of himself worried the boy/??a boy.

7) 日本語の文頭の位置では、(44)の文に見るように、人や物を表わす名詞表現が「は」を伴って、2つの名詞を同時にトピックとして解釈することは難しい(cf. 三宅 2012)。つまり、名詞表現のトピック階層は1つしかない。この場合、場所や時間といった背景のトピックは別の階層にあり、(45)に見るように「は」を伴う名詞表現と共起することができる。

(44) ?山田さんは息子は背が高い。(「息子」＝対比のフォーカスのみ可能)
(45) a. 地元では　山田さんは　人々の誇りだ。
　　 b. 3時には　息子は　学校から帰って家にいた。

　以上、日本語における「は」を伴うトピック表現の意味内容の特徴を見た。練習問題として、逆行束縛の構文を用いて、その先行詞がトピックとして働く古い情報である点を確認してみよう。まず、逆行束縛の構文においては、その先行詞が古い情報を表わすトピック要素であるため、「は」を伴ってトピックとして解釈することが難しい「人」や「見知らぬ人」がその先行

詞になると、(46b-c)に見るように据わりが悪くなる。

(46) a.　自分の息子が山田さんの誇りだ。
　　 b.？自分の息子が人の誇りだ。
　　 c.？自分の息子が見知らぬ人の誇りだ。

　さらに、逆行束縛の構文の先行詞は、対応する構文で、「は」を伴う場合、それはトピック性を持つことを求められるので(= 42b)、その先行詞がたとえ表面上は、「は」ではなく「の」を伴っていても、意味解釈のレベルでは、「トピック」性を持つと解釈される。カートグラフィー研究では、こういったトピック性を持つ名詞表現は、意味解釈のレベルでトピックの位置を占めると想定する(Endo 2007)。そのため、他の名詞表現が「は」を伴うと、(47b)に見るように、不自然な響きの文となる。これは、(44)で見たように、1つの文に「は」を伴う名詞表現のトピック要素が一回しか生じることがないためである。

(47) a.　自分の息子が山田さんの誇りだ。
　　 b.？自分の息子は山田さんの誇りだ。

ただし、(45)で見たように、背景のトピックは「は」を伴う名詞のトピックとは別のトピック階層に生じるため、「は」が場所表現(=48)や時の表現(=49)が「は」を伴っても不自然さは生じない。

(48)　昔は自分の息子が山田さんの誇りだった。
(49)　地元では自分の息子が山田さんの誇りだった。

　さらに、(39)で見たように、「〜と〜」という表現は「は」を伴いトピック表現となることが可能であるが、「〜か〜」というという表現は、「は」を伴いトピック表現となることが難しい。そのため、逆行束縛の構文において

は、先行詞が古い情報を表わすことを求められるため、(50a-b)に見るように、「～と～」は逆行束縛の構文で先行詞になることは可能であるが、「～か～」は、先行詞になることが難しい。

(50) a. 自分の息子が［山田さんと田中さん］の誇りだ。
　　 b. ?自分の息子が［山田さんか田中さん］の誇りだ。

　次に、トピックの持つ性質を類型論の観点から考察しよう。イタリア語では、次の波形に見るように、トピックとなる要素は、高いピッチで発音された後で、下降するピッチが生じる。そして、残りの部分は、通例の音調で発音される。これは、類型論的に普遍的なトピックの音声の形式である。しかし、トピックが一文中に生じる「数」は言語ごとに異なる。日本語と英語は名詞のトピック表現が一文中に複数個生じると不自然となるが、イタリア語では、一文中に複数個のトピックが生じても自然である(Rizzi 2004)。

トピック―コメントの音声の波形(from Bocci 2009)
(51)　A Michelangelo (Top)、Germanico vorrebbe presentare Pierangela

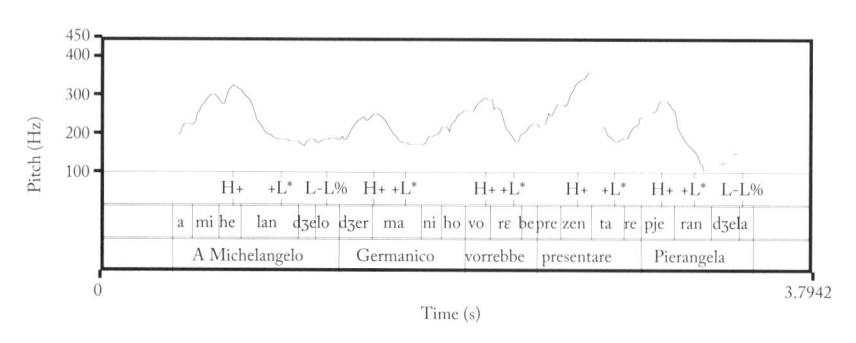

'To Michelangelo (Top), Germanico would want to introduce Pierangela'

4.5. 対比のフォーカス

　本節では、対比のフォーカスの性質を考察する。類型論的に、対比の

フォーカスは、文頭の高い階層に生じる傾向にある。その場合、対比のフォーカス要素は、(52)に見るように、高いピッチで発音され、それに続く残りの部分が平板な音調で発音される。

フォーカス―前提の音声の波形(from Bocci 2009)
(52)　A MICHELANGELO (Foc) Germanico vorrebbe presentare Pierangela

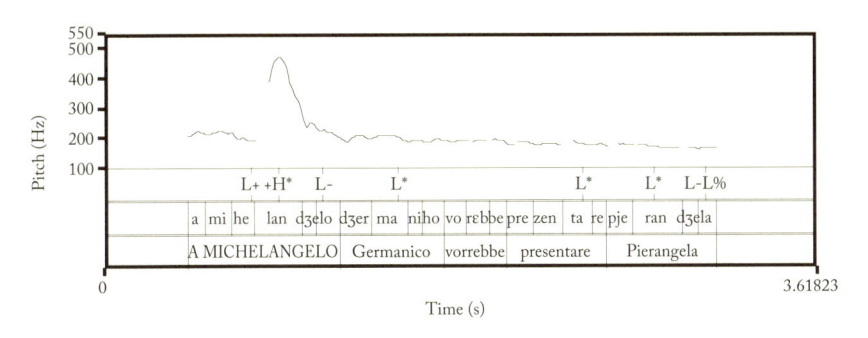

'TO MICHELANGELO (Foc) Germanico would want to introduce Pierangela'

対比のフォーカスに見るこの音調の波形は、様々な言語に見られる普遍的なイントネーションのパタンである。例えば、日本語でも、ほぼ同じ波形が対比のフォーカスに見られる。さらに、この波形は、日本語の情報のフォーカスでも見られる。例えば、日本語において「誰」や「何」などの疑問詞等のフォーカス要素は、高いピッチで発音され、それを認可する「か」という疑問の助詞までが平板なイントネーションで発音される傾向にある。通例の場合には、疑問要素は、一番近い「か」と結びついて、そのスコープが決定されるのだが、疑問要素からそれが結びつく「か」まで平板なイントネーションが続く。具体例を見よう。

(53) a. 君は［花子が誰を褒めたと］聞いたのですか。（直接疑問文）
　　 b. 君は［花子が誰を褒めたか］聞いたのですか。（間接疑問文）

(53a)の文では、下線の「誰」から文末の「か」までが平板に発音され、「誰」の内容を問う直接疑問文の解釈となる。一方、(53b)の文は、「誰」から文中の「か」までが平板に発音され、そこで「誰」のスコープが決定される。この場合、(53b)の文は「はい／いいえ」で答える間接疑問文として解釈される。この文において、「誰」から文中の「か」を飛び越して、文末の「か」までを平板に発音すれば、直接疑問文に解釈が可能であるという話者もいる。ただし、文の全ての要素を平板なイントネーションで発音する佐賀方言などでは、この区別は難しい。

次に対比のフォーカスの統語的な特質を見よう。対比のフォーカス要素は、フォーカスの階層の指定部に生じる。その場合、対比のフォーカスの主要部は、次の操作を行う。(i) 指定部に生じる表現に対して、対比のフォーカスの意味解釈を付与し、(ii) 指定部に生じるフォーカス要素に対して、高いピッチの発音の情報を付与し、(iii) 主要部に後続する補部の要素に平板なピッチの発音の情報を付与する。以上の(i)-(iii)は、フォーカスの階層が持つ普遍的な特質である。各言語間で差が生じるのは、このフォーカスの主要部が音声化されるか否かである。具体例として、(54)の文を見よう。

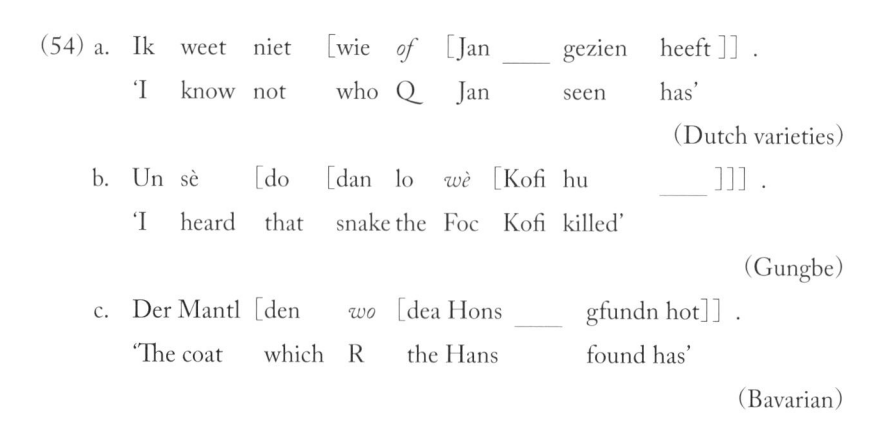

(54) a. Ik weet niet [wie *of* [Jan ___ gezien heeft]].
    'I know not who Q Jan seen has'
                 (Dutch varieties)
 b. Un sè [do [dan lo *wè* [Kofi hu ___]]].
    'I heard that snake the Foc Kofi killed'
                  (Gungbe)
 c. Der Mantl [den *wo* [dea Hons ___ gfundn hot]].
    'The coat which R the Hans found has'
                  (Bavarian)

(54a)では、疑問のフォーカスの主要部が非標準的なオランダ語において of と音声化されることが示されている。(54b)では、フォーカスの主要部が、

グンベ語において、*wè* という形態素で音声化されることが示されている。(54c) では、ドイツ語のバイエルン方言で、関係詞節の主要部 wo と同じ形態素が、「どこ」という疑問のフォーカス表現と同じに音声化がなされることが示されている。

第 5 章

日本語の複文構造

5.0. はじめに

　本章では、日本語の複文の構造をカートグラフィー研究の観点から考察する。主に複文の階層構造に焦点を当てて、今まであまり考察がなされて来なかった複文の談話や語用に関わる特質も射程に入れて、未解決の問題にも触れながら、紹介をする。

5.1. 談話領域の分化

　本節では、主文の動詞が選択する補文の階層構造を考察する。従来の研究において、補文は、補文標識(complementizer: COMP)という単一の階層が、その主要部であると想定されていた。例えば、英語においては、肯定文を導入する that や間接疑問文を示す if が占める階層が、補文標識の階層を占めるとされてきた。具体例を見よう。

（1）a.　John asked［if Hanko would come］.
　　 b.　太郎は［花子が来るの - か - ね - と］尋ねた。

(1a)に見る英語においては、括弧で囲まれた補文の先頭の階層で if という疑問の補文を表わす要素が生じている。一方、(1b)においては、この英語の if に対応する日本語が、「か」「ね」「と」という3つの要素により表わされている。この事実は、従来の研究において補文標識と呼ばれてきた単一の階層が、実は、少なくとも3つの階層からなることを示している。
　この「か」「ね」「と」という文末表現は、以下の情報を表わす。

（2）a.　か：疑問の文型
　　 b.　ね：伝達の発話行為
　　 c.　と：報告内容 ; 引用(cf. Saito 2012)

まず、形態素「か」は、その補文が肯定文や疑問文といった文のタイプのうち、疑問という文型を表わしている。次に、「ね」は、その補文の内容が

聞き手に対して確認という発話行為を行うムード要素であることが示されている。最後に、「と」は、補文の内容が話し手の報告内容を表わす形式であることを示している。

　これらの文末形式は、次に見るように、入れ替えることができない。

（3）a. *来るのね‐か‐と
　　　b. *来るのと‐か‐ね
　　　c. *来るのと‐ね‐か

カートグラフィー研究においては、このように文末表現の入れ替えができないことは、そこに階層性があることを意味する。つまり、その各々の文末表現は、次の(4)に見るように、補文を導入する働きに関わる3つの情報の階層構造持つ。この階層において、上で見た文末表現「か」「ね」「と」は、それぞれの意味に応じて、整合する階層に生じることにより認可される。

（4）［文型の階層 か ＜［発話行為の階層 ね ＜［報告／引用の階層 と…

　次に、各階層の特徴を見よう。まず、文型の階層では、文のとる「文型のタイプ」の形式が示される。その文型の形式には、「疑問文」「命令文」「肯定文」が含まれる（cf. Cheng 1991）。この文型の情報は、日本語において、典型的には形態素により示される。一方、発話行為の階層では、Austin (1962) や Searle (1975) が詳細に論じる「話し手が発話をする際の話し手の発話の意図」に関する発話行為の情報が示される。この発話行為が形態素によって明示的に示される言語は、類型論的にはあまり多くない。日本語では、発話行為を明示的な文末形式で表わすことができるという意味で、カートグラフィー研究にとって貴重な存在である。ここでいう発話行為には、主に次の種類が含まれる。

(5) 発話行為のタイプ

断定(Assertives)：話者が命題内容を真であることを主張する言語行為(報告、主張など)
(例)掃除が終わりました。＝掃除が終わったことを報告します。

誘導(Directives)：話し手が、聞き手に何らかの行動をとらせたり情報を要求する言語行為(要求、命令、助言など)
(例)注意しろ。この近くにコンビにはありますか。

行為確約(Commissives)：話し手が、聞き手に将来の行動を約束する言語行為(約束、誓いなど)
(例)お手伝いしましょう。＝私が手伝うことを約束します。

感情表出(Expressives)：話し手が、命題に対する態度や感情を表現する言語行為(謝罪、感謝など)
(例)ありがとうございます。

宣誓(Declaratives)：話し手が、何らかの宣言を現実化する言語行為(洗礼、判決、結婚式での聖職者など)
(例)あなたを委員長に任命いたします。

これら文型と発話行為は、典型的な場合には重複する。例えば、「注意しろ」という「命令の文型」は、通例は、誘導という発話行為の下位区分である「命令の発話行為」を持つ。このように、文型と発話行為が直接的な関係で重なり合う場合、それは、直接発話行為(direct speech-act)と呼ばれる。一方、文型と発話行為の2つの情報が異なる事例もある。例えば、(6a)に見る文末に「か」を持つ文は「疑問の文型」を持つが、それは誘導の発話行為の下位区分である「要求の発話行為」を持つのが典型的である。しかし、同じ「か」を持つ文型が、(6b)に見るように誘導の発話行為の他の下位区分の「謝

罪の発話行為」を持つことがある。このように、文型が典型的でない発話行為を表わす場合、それを間接発話行為 (indirect speech-act) と呼ぶ。日本語の場合、この間接発話行為において、文型の形式と発話行為が異なる情報を持つことを確認できる事例が多い。この事実に基づいて、後に、これら「文型」と「発話行為」が、文中で異なる統語階層を持つことを示す。

（6）a. その塩をとってくれませんか。（依頼）
　　　b. 許してくれませんか。（謝罪）

　次に、「と」に見る報告の階層を考察しよう。この「と」によって表わされる報告の事例は、多くの場合、引用に関係する。しかし、報告の階層は、必ずしも引用である必要はない、例えば、「と」を伴う要素が、「ビューンと飛んでいった」という表現に見るように、擬音を導入することも可能である。ここから、「と」が導入する情報は、話し手が行う何らかの報告の内容であれば良いことが分かる。「と」が「文」を導入する場合には、それには、直接引用と間接引用の2つの用法がある。直接引用を見定める手段としては、主節と同一指示の人物を補文において、それが補文で「私」という表現によって表わされるかを確かめれば良い。「私」という表現は、話し手が発話時において直接に話し手自身を指示する語なので、これが生じることが可能な(7a)に見る補文は、直接引用の文であることがわかる。一方、間接引用の場合には、(7b)に見るように、補文と主節と同一指示の表現がある場合、それは、補文で「自分」という表現によって表わされる。（直接引用の補文は、「」により示されることが多いが、実際の読み物には、必ずしも「」により直接引用が表記される訳ではないので、注意が必要である。）

（7）a. ジョンは、「私は失敗した」と思った。（直接引用）
　　　b. ジョンは、自分が失敗したと思った。（間接引用）

このように、日本語の「と」は間接引用にも用いることが可能である。これ

と同じ間接引用の表現形式は、スペイン語にも見られ、それは que という要素により示される。英語などの言語には、この用法は見られない。

次に、「か」「ね」「と」という表現に代表される階層を、カートグラフィー研究の視点から見よう。カートグラフィー研究においては、「局所的な簡素化」という主導原理が重要な役割を演じる。これは、「1つの意味情報を1つの階層で表現する」という趣旨の原則である。この主導原理を基に、ある言語表現が入れ替えができないような階層性を持つ場合、それらの要素には、個別の独立した階層が割り当てられる。この背景を念頭において、「か」「ね」「と」という要素を見ると、そこには、入れ替えができない階層構造があり、それぞれの要素が異なる言語情報を表わすので、「か」「ね」「と」は、異なる3つの階層を持つことになる。

次に、これら「か」「ね」「と」の3つの要素の性質を、類型論的な観点から考察しよう。例えば、ドイツ語やルーマニア語では、ある談話の接辞がつくと、それによって、断定や誘導といった発話行為の下位分類が変化する (Coniglio and Zegrean 2012, Cognilio 2013)。日本語でも、(8)に見るように、終助詞により発話行為や発話行為の下位区分が変化することがある。ここでは、同一の肯定という文型が用いられ、それとは異なる発話行為の階層に生じる終助詞により、発話行為の部分が変化しているのである。

(8)　警察を呼んだの［か↘／か↗／か〜］。
　　　　　　　　　　［落胆／質問／驚き］
　　　　　　　　（↘と↗は下降と上昇のイントネーションを表わす）

次に、従来は1つの階層であるとされてきた補文標識を分解することの意義を見よう。従来の研究において、補文の標識が単一の階層とされてきたのは、補文を英語を中心にして見て来たからに他ならない。例えば、(1)で見たように、英語では、John asked ［if Hanko would come］という文の補文標識 if が、日本語の「か」「ね」「と」とに見るように分化されることなく、単一の要素 if により表わされている。つまり、実際には分化される補文の

情報が、誤って、補文の標識は単一の階層であると分析されたのである。しかし、同じ補文の内容は日本語では、「か―ね―と」と分化し、これらは、「*か―と―ね」や「*と―ね―か」のように入れ替えができないことから、補文を導く標識は、階層構造を持つ複数の階層に分化していることが分かる。

では、日本語と英語の補文の情報は、言語習得でどのように習得されるのであろうか。これは、前に見た（＝以下に再録）「忘れることによる習得」の過程を考えると理解しやすい。つまり、日本語の話者も英語の話者も、母語を習得する初めの段階では、複数の階層からなる補文標識の情報を持っている。しかし、英語の話者は、言語習得の段階において、分化された補文の情報に触れることがないので、その分化は忘れ去られるのである。

（9）　忘れることによる習得(learning by forgetting)
　　　ある言語において存在する有意味な機能語は、生まれつき子供の頭の中に存在する。ある子供が習得中の言語で、その機能語が使用されない場合、それは忘れ去られる。

以上をまとめると、日本語では、補文の標識として、次に見る階層構造をなす機能範疇が選び取られていることを見た。

（10）　日本語の補文標識：文型のタイプ
　　　　　発話行為
　　　　　報告

5.2. 名詞の補文

本節では、名詞と併合する補文を考察する。日本語では、名詞と併合する補文は、前節で示した文型、発話行為、報告／引用のどの階層を選択するかにより分類することができる。まず、次に見る関係節では、これらの3つの階層は選択されない。そのため、どの階層も関係節の内部に生じることはない。

(11)　太郎が見た(*か-ね-と)事件

　一方、同格の関係節においては、文と名詞が「という」という表現で接続される場合、上記の3つの機能語が生じることが可能である。

(12)　太郎がその学生を見たの(か-ね-と)いう質問

　同格の関係節では「との」と併合される補文の中に、終助詞が生じることが少し難しい。

(13)　太郎がその学生を見た(のか(?ね)と)の質問

　次に、関係節の階層構造を発話の力の観点から考察しよう。従来の研究では、日本語の非制限的な関係節には独立した発話の力 (illocutionary force) があるとされている (Yuasa 2005)。例えば、次の非制限的な関係節は、「情報の確認の要求」(reminder request for information) という発話行為を持つ。

(14)　[さっきまでここにいた] 佐々木部長に渡したの。

　しかし、類型論的な観点から見ると、日本語の非制限的な関係節は、英語やイタリア語等の非制限的な関係節とは、発話の力の点で同等ではない。例えば、英語の非制限的な関係節においては、(15)に見るように、疑問の文型により発話行為を表わすことが可能である (cf. Cinque 2012)。

(15) a.　There is then our father, by whom will we ever be forgiven for what we have done?
　　 b.　It may clear up, in which case would you mind hanging the washing out?
　　 c.　She may have her parents with her, in which case where am I going to sleep?

一方、日本語の非制限的な関係節は、(16a)に見るように、疑問の文型によって発話行為を表わすことができない。むしろ、日本語の非制限的な関係節が疑問の文型によって発話行為を表わすためには、(16b-c)に見るような「という」型の同格の補文が必要となる。

(16) a. ?［本当に雨が降るのだろうか - ね - と］発言
　　 b. ［本当に夜に雨が降るのだろうか - ね -］という発言を聞きました。
　　 c. 私は子供の運動会で［うちのワンコなら死んでしまうのではないか - な - というほど］走った。

さらに、日本語の同格の関係節は、英語やイタリア語の持つ次の特質を併せ持つかについては、微妙である。例えば、英語では、非制限的な関係節が(i)分離した先行詞を持つことや(ii)同一指示の名詞を関係節の内部に残すことや(iii)名詞と補文を引き離すことが、ともに可能である(Cinque 2012)。一方、日本語の非制限的な関係節においては、(i)-(iii)の操作がすべて不可能であり、「という」により接続された同格の節でも、(i)-(ii)の操作は可能であるが、名詞と補文を引き離すことは、(17c)に見るように、かなり難しい。

(17) a. ［太郎がチーズを切って花子がトマトを煮たのよね］というそのピザ　　　　　　　　　　　　　　　　　　　　　　（分離先行詞）
　　 b. 太郎は［誰かが財布を落とした］というその人に声をかけた。
　　　　　　　　　　　　　　　　　　　　　　（同一指示名詞の残留）
　　 c. ?これを［さっきここにいた］君から［佐々木部長］に渡して下さい。

以上の考察は、次のようにまとめるられる。

(A) 日本語の関係節は、疑問の文型で示される多様な発話行為を持たない。
(B) 文と名詞を「〜という」により接続する同格節は、疑問の文型で示される発話行為を持つことが可能であるが、英語やイタリア語などの諸特性

をすべて併せ持つことはない。

　次に、日本語の関係節が名詞句内部において占める位置を、階層の観点から考察しよう。関係節には、制限的用法と非制限的な用法があり、類型論的には、次のような位置に生じる傾向がある (Cinque 2012)。

(18)　制限的：Q (数量名詞) > Dem (指示詞) > RRC (制限的関係節) > Num (数量) > Adj (形容詞) > N (名詞)
　　　非制限的：NRRC (制限的関係節) > Q (数量名詞) > Dem (指示詞) > N (名詞)

　これを構造的に表わすと、次のようになる。

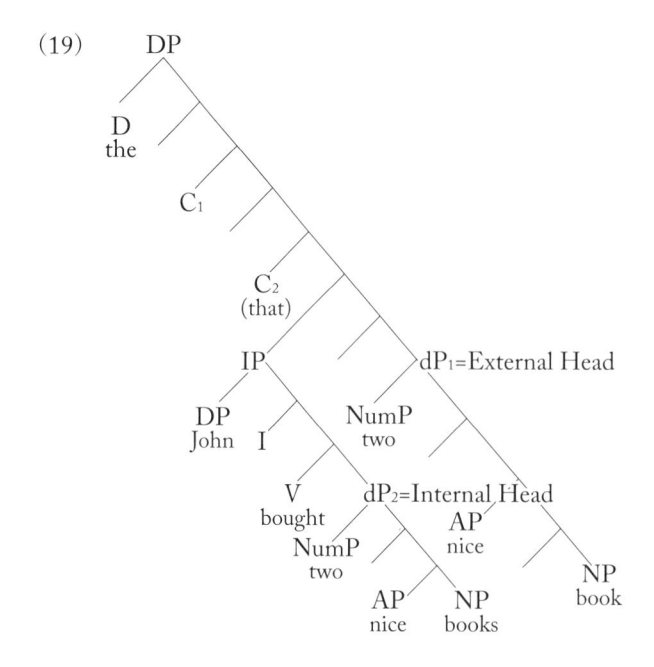

(19)
```
              DP
             /  \
            D    \
           the    \
                  C₁
                  / \
                 /   \
                C₂    \
              (that)   \
                IP      \
               /  \      dP₁=External Head
              DP   \         \
            John    I         \
                    |          \
                  NumP          \
                  two            \
                  / \             \
                 V   dP₂=Internal Head
              bought    \
                       AP
                      nice
                     NumP           NP
                     two           book
                     / \
                    AP  NP
                   nice books
```

　日本語の制限的な関係節と非制限的な関係節がどの位置に生じるかを見る

前に、それらの機能を確認しておこう。制限的関係節は、(20a)に見るように、修飾する名詞表現の指示対象を狭める制限的な働きをする。一方、非制限的関係節は、修飾する名詞表現の指示対象が既に確立しており、(20b)に見るように、関係節が追加の情報を提供する働きをする。

(20) a. 煙草を吸うワンコ仲間
　　 b. 煙草を吸うノンチャンパパ

(20a)の名詞表現では、「ワンコ仲間」の中で、煙草を吸う人と吸わない人のうち、前者の煙草を吸うワンコ仲間に指示対象を狭める働きを「タバコを吸う」という制限的な関係節がしている。一方、後者では、「ノンチャンパパ」はすでに一人の人物に指示対象が定まっており、その人物についての情報を非制限的な関係節が追加している。

　この制限的と非制限的な関係節の性質を念頭において、名詞句内部において日本語の制限的関係節がどの位置に生じるかを見よう。(この場合、要素の間にポーズを置いたり、ある要素を強く高いピッチで発音すると、挿入の意味になったり制限的でない意味の情報構造持になるので、注意が必要である。)次に見るように、日本語の制限的な関係節は、上で見た類型論的に典型的な位置に生じると座りが良い。

(21)　すべての　あそこの　［昨日生まれた］　三匹の　可愛い　子猫
　　　 Q　　　　 Dem　　　　RRC　　　　　　 Num　　 Adj　　N

一方、制限的な関係節である「昨日生まれた」が、他の位置に生じると、(22)に見るように、不自然な響きを伴う。

(22) a. ?［昨日生まれた］　すべての　あそこの　三匹の　可愛い　子猫
　　 b. ?すべての　［昨日生まれた］　あそこの　三匹の　可愛い　子猫
　　 c. ?すべての　あそこの　三匹の　［昨日生まれた］　可愛い　子猫

d. ?すべての　あそこの　三匹の　可愛い　［昨日生まれた］　子猫

　次に、非制限的な関係節が名詞句の内部において生じる位置を見よう。ここでも、(23)に見るように、日本語の非制限的な関係節は、上で見た類型論的に典型的な位置に生じると自然な響きの文となる。

(23)　［試験地獄を通りぬけてきた］　すべての　あそこの　神田高校の学生
　　　　　　NRRC　　　　　　　　Q　　　Dem　　N

　一方、日本語の非制限的な関係節が他の位置に生じると、不自然な文となる。ただし、(24b)の文は、多少座りが良い。

(24) a. ?すべての　　［試験地獄を通りぬけてきた］　あそこの　神田高校の
　　　学生　　　　　　　　（すべての試験という意味ではない点に注意）
　　 b.(?)すべての　あそこの　［試験地獄を通りぬけてきた］　神田高校の
　　　学生　　　　　　　　（あそこの試験という意味ではない点に注意）

　最後に、補文に関わる未解決の問題を見よう。本節では、文を埋め込む「と」という形式を、間接引用の観点から考察した。この間接引用の内部には、「来た‐か‐ね‐と」など様々な終助詞などが一定の配列で生じることから、間接引用の領域の「内側」に、これらの終助詞に関わる階層があることが確認される。では、「直接」引用の場合はどうであろうか。例えば、「ば～ん‐と」という擬音語に関わる表現に後続する「と」は直接引用の用法である。この場合、間接引用の「と」とは異なり、その「外側」に終助詞が生じることが可能である。例えば、「ば～ん‐と‐か‐ね」という表現では、「と」に「か」や「ね」が後続することが可能である。この場合も、「と」に後続する終助詞には配列順所が定まっていることから、「と」の外側に終助詞の階層構造があることが確認される。この「と」の前後の階層に関しての詳細な階層は、将来の研究を待つ未解決の領域である。

コラム：名詞修飾節

　ここでは、名詞と文が「との」「という」という表現に見る2つの形式で結ばれる事例の違いを考察する。まず、(1)に見るように、「との」は、「という」とは異なり引用を表わす。そのため、引用でない内容が名詞修飾要素になると据わりの悪い文章が生じる(益岡2013)。

（1）a.　友人が詐欺師に騙された{という／との}話
　　　b.　彼女がもうすぐ結婚する{という／??との}噂

　これら「との」が関わる事例においては、名詞修飾節の内部に終助詞が生じることが可能である。一方、「という」が関わる名詞修飾節の内部には、このような要素は生じない。

（2）a.　詐欺師に騙されたな〜{との}嘆き
　　　b.　彼女がもうすぐ結婚するよ〜{との}発言

　さらに、「という」によって接続される名詞修飾節の内部には、(3)に見るように、ムード要素が生じることが可能である。ここから、「との」で接続される名詞修飾節がムードの階層を持つことが分かる。一方、「との」によって接続される名詞修飾節の内部には、(4)に見るように、ムード要素に加えて発話行為や文型を表わす要素が生じることが可能である。ここから、「との」で接続される名詞修飾節がムードの階層に加え、発話行為や文型の階層を持つことが分かる。

（3）a.　?［太郎が買うだろう］本
　　　b.　［太郎が本を買うだろう］という噂
（4）a.　［危ないかもしれないね］との意見
　　　b.　［本当にあぶないのか］との疑問

c．［はやく来い］との命令

コラム：主要部内在型の関係詞節

　日本語では、「の」を文末に併合して、その文を関係節に変える用法がある。このタイプの名詞修飾節を「主要部内在型」の関係節（internally headed relatives）と呼ぶ。この種類の関係節の意味解釈は、文中の名詞表現を非顕在的に「の」の位置に結合する「主要部外在型」の関係節と同じ働きをしている。

（1）a．太郎が本を机の上に置いたの（＝本）を読んだ。（内在型）
　　　b．太郎が机の上に置いた本を読んだ。（外在型）

　従来の研究において指摘されることはなかったが、主要部内在型の関係節は、主要部外在型の関係節とは、情報情報構造の点で異なる。例えば、主要部内在型の関係節においては、「だけ」「さえ」などのフォーカス表現を主要部外在型の関係節で先行詞となる名詞に併合すると、（2）に見るように、座りが悪くなる。

（2）a．＊太郎が本だけ／さえを机の上に置いたのを読んだ。
　　　b．＊太郎が〈本〉だけ／さえを机の（＝本）上に置いたのを読んだ。

この非文法性は意味的な変則性ではない。主要部が外在する関係詞節では、次に見るように取り立てのフォーカス表現が先行詞に併合することが可能である。

（3）　太郎が机の上に置いた本だけ／さえを読んだ。

（2）に見る変則性は、非顕在的に先行詞となる名詞が移動する階層に求

めることができる。つまり、その階層は、「だけ」のような新しい情報が関わる取り立てのフォーカス要素とは整合しない古い情報のトピック性が関わる位置なのである。そのため、たとえ取り立て詞が併合されても、その要素が、談話の中で想定される要素からいくつかを取り立てる古い情報が関与する談話があれば、(4) に見るように、容認性が向上する。

(4) a. ［私が好きな本の中から特に好きな本だけを選んで、机の上に置いておいたの］を太郎が手にしていた。
 b. ［田中先生が好きそうな本を考えて、あえて嫌いかもしれなさそうな本さえをも混ぜて机の上に置いておいたのを］先生はしばらく眺めてから手にした。

5.3. 副詞と副詞節

　本節では、副詞節に見る階層性をカートグラフィー研究の観点から考察する。まず、副詞節が、どのように主節と関係付けられるかを見よう。この点を見るために、副詞節と並行的な振る舞いをする副詞についての基本的な考えを、まず紹介する。

　「副詞」は、その意味に応じて主文の要素と結びつく (野田 1989)。この結びつく関係を呼応 (concord) と呼ぶ。「副詞節」も、その意味に応じて、主文の関連する要素と結びつく。例えば、時の副詞節「～する時」は、主節のテンスの階層に生じることにより、そのテンス成分と呼応が生じる。より正確には、時の副詞節「～する時」は、(25) に見るように、主節のテンス階層の指定部に生じ、その主要部であるテンスと指定部―主要部の一致 (Spec-head agreement) の関係によって、その相性が照合されることで認可される (Cinque 1999)。

(25) テンス句（Tense Phrase）

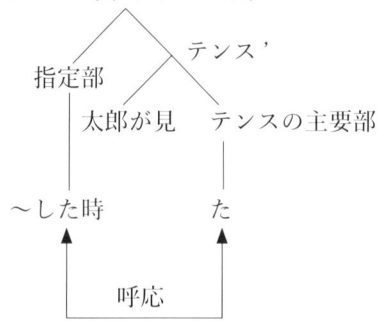

```
         テンス句
        /      \
     指定部     テンス'
              /      \
         太郎が見   テンスの主要部
          |             |
        〜した時         た
          ↑_____↑
                呼応
```

　以上見たように、副詞節は、主文の成分と呼応することで認可される。副詞節が主節のどの成分と呼応するかを見るために、まず、呼応の対象となる主文の機能範疇の配列を、次の文を見ながら整理しよう。

(26)　本が‐並べ‐られ‐てい‐なかっ‐た‐ようだ‐ね。

この文は、次に見るように、動詞からはじめて、より上の階層の要素を順番に併合していくことにより形成される。副詞節は、これらの機能語を主要部とする階層と呼応の関係を持つ。

(27)　本が並べ　られ　　てい　　なかっ　　た　　　ようだ　　　ね
　　　　機能範疇の階層　ボイス　アスペクト　否定　テンス　話し手ムード　聞き手ムード
　　　　　　　　　下の階層 ←――――――――――→ 上の階層

　次に、副詞節の内部構造が、どのように形成されるかを見よう。副詞節の内部構造は、基本的には、主節と同じ操作により形成される。つまり、一番下の階層に属する動詞の階層からはじめて、(27)に見る機能語を順番に併合していくことにより形成される。主文と副詞節が異なるのは、テンス要素にある。つまり、主文では、「る」や「た」のテンス形式が生じないと、「？並べられ」の非文法性に見るように、主文としては成り立たない。一方、副詞

節においては、「並べられずに」の文法性に見るように、テンス要素が必ずしも必須要素ではない。この副詞節における、内部構造の制約については、後に詳細に述べる。

では、上で見た文の持つ階層構造を念頭において、さまざまな副詞節を考察しよう。

(A)「ながら」副詞節

「ながら」副詞節は、動詞の表わす事象が途中であるという意味を表わすアスペクト表現である。その内部には、(28)に見るように、アスペクトよりも下の階層の機能語(＝ボイス)が生じることが可能である。

(28) 叱られながら(ボイス)、*叱らないでながら(否定)、*叱ったながら(テンス)、*叱るだろうながら(ムード)

この「ながら」副詞節は、(29)に見るように、主文のアスペクト成分と呼応する。そのため、副詞節と主節のアスペクト成分の相性が悪いと、(29)に見るように、その文は、据わりが悪くなる。

(29) a. テレビを見ながらご飯を食べた。
　　 b. ?テレビを見ながらご飯を食べ始める。

この制限を統語的に述べると、次のようになる。「ながら」副詞節は、主節のアスペクト階層の指定部に生成される。この位置で、「ながら」副詞節は、その中心である「ながら」のアスペクトの素性が主節のアスペクト成分と相性が良いかが照合される。例えば、(29b)では、主節の持つ「始める」という起動／開始(inceptive)というアスペクトが、副詞節「ながら」の持つ「進行」というアスペクトと整合していない。この照合の結果、「ながら」副詞節は、(29b)において認可されず、据わりが悪い文と判断されるのである。

次に、この「ながら」副詞節の内部構造を見よう。(28)で見たように、「な

がら」副詞節には、(30)に見る階層の中で、アスペクトよりも上の否定やテンスの要素を含むことができない。

(30)　…ボイス＜アスペクト＜否定＜テンス＜(話し手の)ムード　接続詞
　　　　　　　　　　　　　　　　　　　　　　　　　　　　　　ながら

　これは、「ながら」副詞節の中心である「ながら」という主要部が、(31)に見るように、副詞節内の最上位に位置する接続詞の位置に移動することによる。移動は、その間に同じタイプの要素が介在することが、普遍的な局所性の原理によって禁じられている。その結果、「ながら」副詞節の内部には、アスペクトよりも上の階層の他の主要部は生じないのである(Endo 2012b)。

(31)　…ボイス＜アスペクト＜~~否定＜テンス＜(話し手の)ムード~~…接続詞
　　　　　　　　　　　　　　　　　　　　　　　　　　　　　　ながら

　ここでは、主要部である「ながら」が接続詞の位置に移動することが表わされている。この移動は、「ながら」という主要部の移動なので、他の主要部である「てい」(アスペクトの主要部)「ない」(否定の主要部)、「た」(テンスの主要部)、「だろう」(ムードの主要部)が介在すると、局所性の原理の違反が生じる。この局所性の違反を避けるため、「ながら」副詞節には、これらの主要部を内部に持つことができないのである。(ちなみに、「ながら」副詞節において、「てい」等の他のアスペクト成分が生じないのは、「ながら節」内にアスペクト位置が、1つしかないためある。つまり、その1つのアスペクトの位置が、すでに「ながら」により占めているため、アスペクト成分の「てい」は、「ながら」副詞節に生じないのである。)

　上の副詞節における内部構造を決定する際に働く局所性の原理(＝主要部が他の主要部を飛び越せない)は、様々な言語で見られる普遍文法の原則の1つである。この点を確認しておくと、例えば、次の英語の文では、助動詞の主要部が他の主要部を飛び越すことにより、局所性の原理の違反が生じて

いる。

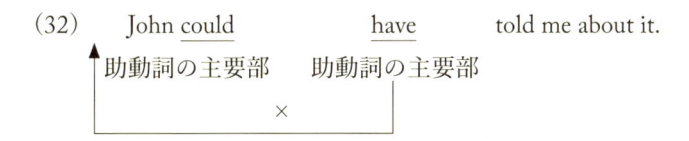

(32) John could　　　　have　　　told me about it.
　　　‾‾‾‾‾‾‾‾　　‾‾‾‾‾‾‾‾‾‾
　　　助動詞の主要部　助動詞の主要部
　　　　　　　　　　×

　このように副詞節内部で移動を仮定する理由は、類型論的に見て、副詞節内部で移動が生じる証拠が、インドヨーロッパ系の言語で多く見られることによる (cf. Haegeman 2011)。つまり、第1章で見た統一性原理に従って、日本語の副詞節においても同じ派生を日本語の副詞節にも想定するのである。この副詞節の移動分析には、移動を想定しない代案もある。この代案については、後に述べる。移動分析に関わる未解決の問題は、日本語の副詞節の内部において、移動が関与する証拠と関与しない証拠を探求する点にある。これは、カートグラフィー研究にとどまらず、副詞節の類型論の研究においても重要な研究課題である。

(B) 「ずに」副詞節

　次に、「ずに」副詞節を見よう。「ずに」節は、その主要部である「ずに」が否定を表わす。「ずに」副詞節は、主文の否定の階層の指定部に生じ、否定の素性に関して主要部と「ずに」副詞節との相性が照合される。より具体的には、(33)の例文に見るように、「ずに」節は、その内部に既に否定の意味を含むため、主文の否定の主要部「ない」が否定の意味をさらに含むのは相性が良くない。この点が指定部—主要部の一致により照合される。（この場合、(33a)の主文は、否定の尺度で否定語と対極なす、ある意味で否定の一形式であると想定されている。そのため正確には、否定の階層というよりは、極性 (polarity) の階層と呼ぶべきものである。以下では、便宜上、否定の階層と呼ぶ。）

(33) a.　よく見ずに買った。

b.?よく見ずに買わなかった。

　次に、「ずに」副詞節の内部構造を見よう。「ずに」副詞節の内部には、(34)に見るように、否定の階層よりも下の要素が生じる。

(34)　飴が舐め<u>られ</u>ずに（ボイス）、飴を舐め<u>てい</u>ずに（アスペクト）、*飴を舐め<u>た</u>ずに（テンス）、*飴を舐める<u>だろう</u>ずに（ムード）

　この制限は、以下に見るように、副詞節内部において、否定の階層の主要部から文末の接続詞の位置に、「ずに」副詞節の中心をなす「ずに」が移動することによる。

(35)　…ボイス＜アスペクト＜否定＜テンス＜(話し手の)ムード…接続詞
　　　　　　　　　　　ずに

　この「ずに」が文末に移動する際には、間に同じタイプの主要部要素があると、局所性の違反が生じる。その結果、それらの要素は、「ずに」副詞節の内部には生じないのである。（ちなみに、ここで、「ずに」副詞節の内部には、否定の成分も生じない。これは、「ずに」副詞節の内部において、否定の階層の中心をなす主要部の位置が１つしかないためある。つまり、否定の階層の主要部の位置は、「ずに」によって既に占められているため、他の否定要素は、「ずに」副詞節の内部には生じないのである。）

(C)「ば」副詞節
　次に、「ば」副詞節を見よう。「ば」副詞節は、次に見るように主文のテンス階層の指定部に生じ、テンスの素性に関して、主文のテンス成分と「ば」副詞節との相性が照合される。

(36) テンス句 (Tense Phrase)
```
              テンス句
             /       \
         指定部       テンス'
           |        /      \
        太郎が見  テンスの主要部
           |           |
        ～ば副詞節      た
```

(37) の文に見るように、「ば」副詞節は、その内部に非現実の時の意味を含む。そのため、主文のテンスの主要部「た」に見る確定した現実の意味成分は相性が良くない。この情報が、指定部 - 主要部一致の関係により照合される。

(37) a. 雨が降れば花火大会は順延する。
　　 b. ?雨が降れば花火大会は順延した。

　次に、「ば」副詞節の内部構造を見よう。「ば」副詞節の内部には、以下に見るように、テンスよりも低い階層の機能語が生じる。

(38) 飴が舐められなければ(ボイス)、飴を舐めていれば(アスペクト)、飴を舐めなければ(否定)、*飴を舐めたば(テンス)、*飴を舐めるだろうば(ムード)、

これは、「ば」副詞節おいて、テンスの主要部の位置から文末の接続詞の位置まで「ば」副詞節の中心である「ば」が移動するためである。

(39) …ボイス＜アスペクト＜否定＜テンス＜(話し手の)ムード…接続詞
　　　　　　　　　　　　　　　　ば

ここでは、「ば」が文末に移動する際に、別の主要部であるムード要素が生

じると、同じ主要部のタイプの要素を飛び越すことになり、局所性の違反が生じることが示されている。(ちなみに、「ば」節には、テンスの成分も生じない。これは、「ば」副詞節の内部にテンスの位置が1つしかなく、そのテンスの位置が既に「ば」により埋められているためである。)

(D)「ので」副詞節

次に、「ので」副詞節を見よう。「ので」副詞節は、主文のムード階層の指定部に生じ、話し手のムードの素性に関して「ので」副詞節と主文のムード成分の相性が照合される。具体的には、(40)の例に見るように、「ので」副詞節は、主文に「おう」のような話し手の意志を表わすムード成分が生じると、据わりが良くない文となる。この点が、指定部と主要部の一致により照合される。

(40) a. 安いので買った。
   b. ?安いので買おう。

この点を念頭において、次に、「ので」副詞節の内部構造を見よう。「ので」副詞節の内部には、(41)に見るように、ムードの階層よりも下の要素が生じる。

(41)　飴が舐められなかったので(ボイス)、飴を舐めていたので(アスペクト)、飴を舐めなかったので(否定)、飴を舐めたので(テンス)、*飴を舐めただろうので(話し手のムード)、*飴を舐めたねので(聞き手のムード)

この制限は、「ので」副詞節の内部において、話し手のムードの主要部の位置から文末の接続詞の位置へ「ので」副詞節の中心である「ので」が移動することによる。

(42)　…テンス＜(話し手の)ムード＜対人ムード(聞き手指向)…接続詞
　　　　　　　　　　　　　　ので

この移動において、その間に別の主要部である聞き手が関わるムードの終助詞(例えば「ね」)が生じると、局所性の違反が生じる。(ちなみに、「ので」副詞節には、話し手のムード成分も生じない。これは、「ので」副詞節の内部には話し手のムードの位置が1つしかなく、その話し手のムードの位置が、既に、「ので」により埋められているためである。)

(E)「が」副詞節

　最後に、「が」副詞節を見よう。「が」副詞節は、主文の対人ムードと呼応する。つまり、「が」副詞節は、主文の対人ムード階層の指定部に生じ、聞き手が関わる対人ムードの素性に関して「が」副詞節と主節の対人ムードとの相性が照合される。(43)の例文に見るように、「が」節は、その中に対人のムードの意味を含むため、主文のムードの主要部に「か」のような聞き手に確認をする対人のムード表現が生じると、据わりが良くない文となる。この点が、指定部―主要部の一致により照合される。

(43) a.　環境はいいが不便です。
　　 b. ?環境はいいが不便ですか。

　次に、「が」副詞節の内部構造を見よう。「が」副詞節においては、対人ムードよりも下の階層の要素が生じる。

(44)　飴がなめられたが(ボイス)、飴を舐めているが(アスペクト)、飴を舐めないが(否定)、飴を舐めたが(テンス)、飴を舐めただろうが(話し手のムード)、*飴を舐めたねが(対人ムード)

「が」副詞節の内部では、対人のムードの主要部の位置から文末の接続詞の位置へ移動する。

(45)　…＜テンス＜（話し手の）ムード＜対人ムード…接続詞
　　　　　　　　　　　　　　　　　　　　が

この場合、移動によって飛び越される同じタイプの主要部の要素がない。その結果、ここでは、局所性の違反は生じない。しかし、「が」節の内部には、対人ムードの階層が１つしかなく、その階層の主要部の位置が既に「が」により埋められているため、「が」副詞節の内部には、対人ムード要素は生じないのである。

　以上、(i) 日本語の副詞節の内部構造と、(ii) 副詞節が主文のどの階層の成分により認可されるかの２点を見ながら、そこに存在する相関性を説明した。これら副詞節において共通して働くのは、普遍文法における局所性（locality）である。つまり、副詞節は、その外側では、副詞節とそれが呼応する主節の主要部とが、局所的な関係を持つことにより認可される（＝指定部―主要部の一致の関係）。そして、副詞節の内側では、その主要部と接続詞の間に他の主要部が介在しないという局所性の原理により、その内部構造が決定される。この結果、副詞節の内部には、以下に見るように、それが結びつく主文の機能範疇の補部の機能語が生じるという対称性（symmetry）を持つ構造が生じる。

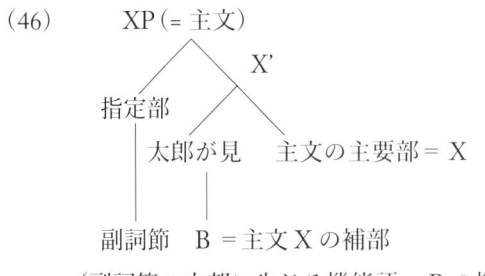

(46)　　　　　XP（＝主文）
　　　　　　　／＼
　　　　　　／　　X'
　　　　指定部　／＼
　　　　　太郎が見　　主文の主要部＝X
　　　　　　│
　　　　　副詞節　B＝主文Xの補部
　　　　（副詞節の内部に生じる機能語＝Bの機能語）

最後に未解決の問題を見よう。以上見てきた副詞節における相関性は、主に野田（1989）の証拠を基にしている。しかし、そこでは、相関性の詳細な議論はなされていない。その意味で、より詳細な議論が必要である。そして、その詳細な議論が、本節で展開されている説明に当てはまるかについては、詳細に検証する作業が必要となる。この点は現在のところなされておらず、将来なされるべき重要な作業である。

　また、副詞節は、主文の関連する階層と呼応するので、副詞節が多重に生じた場合、次の予測がなされる。(i) 主節の動詞に近い機能語により認可される副詞節は主節の動詞に近い位置に生じる。(ii) 一方、主節の動詞から遠い機能語により認可される副詞節は、主節の動詞から遠い位置で認可される。つまり、統語的に高い位置にある機能語によって認可される副詞節は、統語的に高い位置にある機能語によって認可される副詞節よりも外側に生じることが予測されるのである（Endo 2012b）。この予測は、(47) に見るように、概ね正しいように思われるが、その詳細は、現在のところ未解決の問題である。

(47) a. ［雨が降れば］［外に行かずに］家にいる。
　　 b. ?［外に行かずに］［雨が降れば］家にいる。
　　 c. ［休講になったので］［図書館で本を読みながら］過ごした。
　　 d. ?［図書館で本を読みながら］［休講になったので］過ごした。

　最後に類型論の観点から副詞節を見た場合の未解決の問題を概観しよう。本節では、副詞節の内部に生じる機能語の制約を、その副詞節の主要部が移動することにより説明した。そこでは、英語などインドヨーロッパ系の言語に見られる副詞節の内部において移動が生じる事実と局所性の原理から副詞節内の分布を導き出す分析を踏襲している（cf. Haegeman 2011）。しかし、代案として、副詞節の内部に移動を想定することなく、副詞節の内部に生じる機能語の制約を導き出すことも可能である。それは、副詞節の主要部を移動させないで、その主要部を文末の接続詞の階層に基底で生成するという分

析である。その際に、副詞節の各機能語は、その下の階層にある機能語を選択(selection)する。この選択に働く力を、局所的な力(local action)と呼ぶ(cf. Rizzi 2004)。つまり、選択の関係は、局所的な関係で、その間には別の要素が介在しない。例えば、アスペクトの意味を表わす「ながら」副詞節においては、文末の接続詞の位置にある「ながら」が、アスペクトよりも下の階層にあるボイス階層を選択する。この場合、「ながら」と「ボイス」の間に、他の主要部が介在すると、選択に関する局所的な力が働かずに、選択の関係が成立しない。そのような場合、カートグラフィー研究では、その間の介在要素を切り取り(=truncation)の操作が想定される(cf. Rizzi 1997)。この切り取りの操作の結果、(48a)に見るように、「ながら」副詞節の内部には、その主要部の階層の下にあるボイスの機能語しか生じないのである。他のタイプの副詞節に関しても、(48b-d)に見るように、同じ説明が可能である。(取り消し線は切り取られる機能語を示す。)

(48) a. ボイス＜アスペクト＜~~否定＜テンス＜(話し手の)ムード~~　ながら(＝アスペクト)

　　 b. ボイス＜アスペクト＜~~否定＜テンス＜(話し手の)ムード~~　ずに(＝否定)

　　 c. ボイス＜アスペクト＜否定＜~~テンス＜(話し手の)ムード~~　とき(＝テンス)

　　 d. ボイス＜アスペクト＜否定＜テンス＜(話し手の)ムード　ので(＝ムード)

移動を用いた副詞節の分析と移動を用いない副詞節の分析のどちらが正しいかは、それぞれの利点と欠点を見据えながらの更なる研究が必要で、現在のところは未解決の問題である。

5.4. 副詞節とフォーカス(1)

本節では、副詞節とフォーカスの関係を考察する。まず、前節で見た副詞

節の内部構造と、それが主文と呼応する関係を整理しておこう。それぞれの種類の副詞節が、(i) 主節のどの成分と呼応するかと、(ii) その内部構造の関係は、次のようにまとめることができる。

(49)
副詞節の種類：アスペクト(ながら)否定(ずに)テンス(時)ムード(ので、が)
副詞が呼応する要素：主文の低い成分　　　　　　主文の高い成分
副詞節内部の機能語：少ない ←──────────→ 多い

この分類を念頭において、本節では、次の一般化を考察する。

(50)　一般化：副詞節の内部に話し手のムードを表わすモーダル要素が生じる豊かな内部構造を持つ副詞節は、フォーカスとは解釈されにくい。

例えば、「から」副詞節は、(51)見るように、その内部に「だろう」というモーダル要素を含むことができる。(ムードとモーダルの区別については、ムードの節を参照)

(51) a.　雨が降るだろうから(豊かな内部構造)
　　 b.　雨が降るから(豊かでない内部構造)

この副詞節の内部構造の豊かさと相関して、副詞節の情報構造も変化する。つまり、内部構造が豊かなムード要素を持つ「から」副詞節は、内部構造の乏しいムード要素持たない「から」副詞節よりも古い情報を表わす。豊かな内部構造を持つ「から」副詞節は、古い情報を持つので、(52a-b)の差に見るように、否定のフォーカスとなることが難しい。同様の差は、疑問のフォーカスに関しても生じる。つまり、豊かな内部構造を持つ「から」副詞節は、(53a-b)の差に見るように、疑問のフォーカスになることも難しい。

(52) a. ?［雨が降るだろうから］家にいるのではありません。暇だから家にいるのです。
　　 b. ［雨が降っているから］家にいるのではありません。暇だから家にいるのです。
(53) a. ?［太郎は何を買うだろうから］怒られたのですか。
　　 b. ［太郎は何を買ったから］怒られたのですか。

　ここで、豊かな内部構造とは、話し手の主観が関与するムード要素を含む構造を意味する。話し手の主観が関与するムード要素を含む別の表現として、丁寧表現の「ます」がある (cf. Miyagawa 2012)。これが副詞節に含まれると、やはりその副詞節は、(54)-(55) に見るように、否定や疑問のフォーカスになることが難しい。

(54) a. ?［雨が降りますから］家にいるのではありません。暇だから家にいるのです。
　　 b. ［雨が降っているから］家にいるのではありません。暇だから家にいるのです。
(55) a. ?［太郎は何を買いましたから］怒られたのですか。
　　 b. ［太郎は何を買ったから］怒られたのですか。

　以上、副詞節に関して、「内部構造の豊かなムード要素を持つ副詞節は、フォーカスになることが難しい」という一般化を見た。
　この相関関係に原理的な説明を与えることは、現在未解決の問題である。この問題を解決の糸口となる原理としては、写像仮説 (Mapping Hypothesis) がある (Diesing 1992)。これは、統語的に高い要素は前提と解釈されるという趣旨の考えである。もし、話し手のムード表現を含む副詞節が「のではない」という否定表現よりも高い統語的な階層にあることが示されれば、その副詞節は、古い情報を表わす前提として解釈される結果、否定や疑問のフォーカスとしては相容れないという説明が可能になる。この点を示すに

は、話し手のムードを含む副詞節が、統語的にどの階層にあるのかを、主節との呼応関係を詳細に調べることにより明らかにし、さらに、古い情報を表わす前提と新しい情報を表わす断定の統語的な切れ目がどこにあるかを示せば良い。この点は、現在のところ解明されていない未解決の問題である。さらに、疑問や否定のフォーカスの可能性と写像仮説を組み合わせた意味論的な説明も考慮に入れるべき代案である (Larson and Sawada 2012)。

5.5. 副詞節とフォーカス (2)

本節では、副詞節に格助詞が併合された場合に生じるフォーカスの効果を考察する。まず議論の出発点となる英語における時の副詞節を見よう。

(56) a. I saw Mary in New York [before she claimed [that she would arrive]].
b. I saw Mary in New York
[before she claimed Op [that she would arrive Op]].

(57) I saw Mary in New York before she asked how to fix the car.

(56a) の文は、次の 2 つの解釈で多義的である (Geis 1970, 1975, 1985; Larson 1985, 1987)。

(58) 解釈 1：彼女が主張する (claim) 時よりも前 (高い解釈)
解釈 2：彼女が到着する (arrive) 時よりも前 (低い解釈)

文 (58a) に見る解釈 1 は、before の副詞節が文中の高い節にある述語 claim と結びつく解釈である (＝高い解釈)。つまり、私がメリーに会った時間が主張した (＝claim) 時間よりも前という解釈である。一方、解釈 2 は、before の副詞節が文中の低い節にある述語 arrive と結びつく解釈である (＝低い解

釈)。つまり、私がメリーに会った時間が到着する(=arrive)時間よりも前という解釈である。この解釈の違いは、(58b) に見るように、before の内部において高い節(=claim を持つ節)と低い節(= arrive を持つ節)の2つの位置から時の演算子(temporal operator: Op)が生成される事実により説明可能となる。つまり、時の演算子が述語 claim を含む節から before の位置まで移動する場合、その文は高い解釈となる。一方、時の演算子が述語 say を含む低い節から before の位置まで移動する場合、低い解釈となる。ここで、副詞節の内部で移動が関与していることは、(57) の文により確認できる。ここでは、時の演算子が低い fix the car を含む節と before が結びつくことが阻止されている。これは、時の演算詞が低い節から before の位置まで移動する途中に、他の演算子 how が介在するために局所性の原理の違反が生じるためである。ここでの局所性の原理とは、次の趣旨の原則である。

(59)　...X...Z...Y...
　　　YとXの間に、Xと同じタイプのZが介在すると、
　　　合法的な連鎖が形成されない。

問題の (57) の文においては、Y に相当する時の演算詞が fix the car の節から X に相当する before の位置まで移動し、連鎖が形成される。しかし、その連鎖の中には、Z に相当する他の演算子 how が介在するので、合法的な連鎖が形成されない。非合法的な連鎖を含む文の統語表示は、意味部門に送られ (transfer) ても、読み取ることができない。そのため、問題の文は非文法的と認定されるのである。

　以上の英語の副詞節の性質を念頭において、日本語の副詞節を見よう。まず、(56a) に対応する日本語の文 (60) は、多義性を持たない (Endo 2012a)。つまり、この文は、出かけた時間が言った時間に対応する高い解釈しか持たない。

(60) a.　ジョンは　[シェイラが [彼が出かけるべきだと] 言う前 出かけた。

b. ジョンは　［シェイラが［彼が出かけるべきだと］言った時　出かけた。

しかし、これらの副詞節に格助詞の「に」が併合されると、英語と同様の多義性が生じる(Miyagawa 2012)。つまり、副詞節に「に」を伴う次の文では、「前」や「時」が低い位置にある節の述語「到着すべき」と結びつく解釈が可能となる。

(61) a. ジョンは［シェイラが［彼が出かけるべきだと］言う前に］出かけた。
　　b. ジョンは［シェイラが［彼が出かけるべきだと］言った時に］出かけた。

　これは何故であろうか。ここで注目すべきは、副詞節に「に」がつくことにより、副詞節全体がフォーカスとして解釈される点である(寺村1983、益岡1997)。では、なぜ副詞節がフォーカスに解釈されると、(61)においては、副詞節内部の埋め込み文に生じる「出かける」が「時」や「前」と結びつく「低い解釈」が可能となるのであろうか。これには、日本語における移動の性質が関わっている。例えば、日本語では、文頭に生じる「は」を伴う表現は、通例はwhの島といった局所性の原理に従わない(Saito 1985)。これは、文頭の「は」を伴う要素は、島の中にあるゼロ代名詞を指示するという移動が関与しない性質を持つためである。ところが、文頭の「は」が対照のフォーカスを伴って発音されると、その文は島の条件に従う(Hoji 1985)。これは、「は」にフォーカスを付与することにより、移動が生じるためである。移動は、島といった局所性の原理に従うので、フォーカスを伴う「は」は、島の条件に従い、非文法性が生じる。
　以上のフォーカスと移動の関係をまとめると、次のようになる。日本語においては、フォーカスは、移動を引き起こす原動力となる。この点をカートグラフィー研究の枠組みで述べると、次のようになる。文頭には、トピック

とフォーカスの位置があり、トピックの要素は基底からトピックの指定部の位置に生成される。つまり、そこに移動は関与しない。一方、文頭のフォーカスの位置には、文中からフォーカスを持つ要素がその指定部に牽引される。つまり、そこに移動の操作が関与するのである。

　この点を念頭において、問題の副詞節(61)を見よう。上で見たように、副詞節に助詞「に」が併合されると、その副詞節全体がフォーカスになる。これは、カートグラフィー研究においては、次のように表現される。新たに併合されてフォーカスの解釈を生み出す助詞「に」は、フォーカス句の主要部で、全体はフォーカス句となる。

(62)　［フォーカス句　　［副詞節］　に］

上で見たように、フォーカスは、日本語において、移動を引き起こす原動力となるので、フォーカスの主要部「に」は、副詞節において、時の演算子(Op)をその指定部に牽引することで、副詞節内に移動が生じる。

(63)　［フォーカス句［副詞節］に］
　　　　　　↑　　　　　Op

この時の演算子(Op)の移動の結果、「に」を持つ副詞節においては、その副詞節の内部に位置する構造的に低い節から、そのフォーカス句の位置まで、時の演算子が移動する。これにより、低い解釈が可能となる。つまり、「に」を伴うことでフォーカスになる副詞節は、時の演算詞の移動により低い節の述語と結びつくことが可能となるのである。

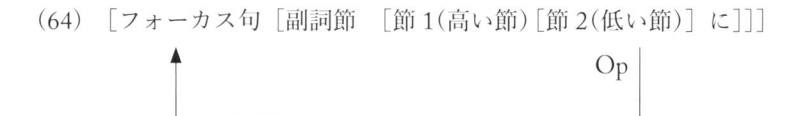

(64)　［フォーカス句［副詞節　［節1(高い節)］［節2(低い節)］に］］］
　　　　　　↑　　　　　　　　　　　　　　　　　　　　Op

一方、「に」を伴わない副詞節は、フォーカス句を持たないので、仮に演算子が低い節に生成されたとしても、その演算子を動かす引き金がない。その結果、演算子が束縛する変項を持たないため、次の原則の違反が生じる。

(65)　完全解釈の原理(Principle of Full Interpretation)
　　　演算子は変項(variable)を束縛することで、合法的な表示を形成する。

これは、空虚な量詞化(vacuous quantification)の原則と呼ばれる普遍文法に関わる一般的な原則である。移動しない演算子は、変項を束縛できないので、この完全解釈の原則に違反することになる。この原則に違反しないためには、フォーカスの「に」を持たない日本語の副詞節において、時の演算子を持たない表示が必要となる。つまり、移動が関与することなく、時の表現が一番近くにある上の節を修飾する表示のみが合法的な表示として認可される。これが、「に」を持たない副詞節が、高い解釈しか持たない理由である。

では、なぜ日本語においては、そもそも「に」という格助詞がフォーカスの効果を生み出すのであろうか。これには、歴史的な事実が関与している。上代日本語では、現代英語のように、格助詞が存在しなかった。むしろ、現代日本語で格助詞とされる要素は、取り立てというフォーカスの機能を持っていた。この格助詞のフォーカスの機能は、歴史的な変化と共に失われていくのだが、現代日本語でも、強い強勢を格助詞に付与する時に限り、フォーカスの意味がまだ格助詞により生み出すことができるのである。

ここで、フォーカスと助詞にまつわる未解決の問題を見よう。まず、なぜ日本語で、「が」「を」「に」といったそれぞれの格助詞に、フォーカスの効果があるのか。それぞれの助詞に対応する異なるフォーカスがあるのか(Richard Larsonとの個人談話)。これは現在のところ、未解決の問題である。

最後に、副詞節において働くフォーカスの種類を考察しよう。フォーカスには、情報のフォーカスと対比のフォーカスの2種類がある。副詞節に生じるフォーカスは、情報のフォーカスと対比のフォーカスのどちらであろうか。ここで情報のフォーカスとは、疑問文の答えとなるフォーカスである。

この点を次のAとBとの対話文で確認しよう。

(66)　A：　君は今日何をしますか。
　　　B：　私は本を買いに行きます。

この対話文では、Bの「本を買いに行く」の部分がAの質問の答となっている。この場合、「を」を対比の強勢で読むことは難しい。これは、対比のフォーカスが、情報のフォーカスの環境では生じないためである。一方、「を」が強勢を持たない場合は、この文は据わりが良い。この事実は、強勢のない格助詞が情報のフォーカスとして働くことを示している。
　この事実を念頭において、次の点を考察しよう。問題の副詞節が複文を持つ場合に、低い解釈が可能となるのは、「に」が強勢を伴う対比のフォーカスによるのか。それとも、「に」が強勢を伴なうことのない情報のフォーカスによるのか。この点を、次の対話文を見ながら考察しよう。

(67)　A：　いつジョンは出かけたのですか。
　　　B：　ジョンは　［シェイラが［彼が出かけるべきだと］行った］時に出かけました。

ここで、Aの質問は、低い解釈を求めることを意図する質問文である。多少、判断は微妙ではあるが、この場合、Bの文の副詞節は対比のフォーカスで発音した方が、低い解釈が自然に聞こえる。実際、次のように、対比のフォーカスを伴って低い解釈を求める文は、自然な響きを伴うようである。つまり、副詞節において移動の引き金になるフォーカスは、対比のフォーカスであると考えられる。

(68)　対比のフォーカス：帰るべきときではなくジョンはシェイラが彼が出かけるべきだと言った時に出かけた。

以上、副詞節の上にフォーカス句が生成される可能性を、副詞節が複文を持つ場合の意味解釈を基にして考察した。未解決の問題としては、条件文がある。英語においては、条件文が複文構造を持つ場合、そこには時の副詞節に見られるような多義性が生じない。しかし、日本語においては、条件の副詞節に任意の要素を付けることで、フォーカスの効果を現すことが可能である（例えば、「雨が降ったのなら（ば）」）。それならば、このような事例でも、日本語では多義性が生じることが期待される。この点の包括的な研究はまだなされておらず、今後の研究が期待される研究課題である。

コラム：条件節

　カートグラフィー研究と同様に、日本語学研究でも、階層性に着目した研究がある（cf. 南 1974、野田 1989）。例えば、日本語の文の中には、どのような要素が生じることが可能かという基準により、文が次の4種類に分類されている。

（1）　A類：様態、頻度の副詞＋補語＋述語
　　　　B類：A類＋制限的修飾句＋主格＋（否定）＋時制
　　　　　　（話し手の関わらない要素／領域）
　　　　C類：A類＋B類＋非制限的修飾句＋<u>主題</u>＋モーダル
　　　　D類：A類＋B類＋C類＋呼び掛け＋終助詞　（南 1974）

ここでは、この4分類の点から、条件節を考察する。具体的には、「なら」条件文を考察の対象とする。
　上の分類によれば、条件文の中には、話し手の心的な態度を表わすモーダル要素やトピックを表わす「は」が生じないので、はB類に属する（井上 2009）。

（2）a.　山田さん{?は／が} 来たなら、パーティーを始めましょう。

b. 雨{?は／が}降ったなら、試合は中止になるでしょう。
　　c. *彼は多分来るだろうなら、彼女は帰ってしまうでしょう。

　では、モーダル要素「だろう」が、「なら」条件文に生じないのは、なぜであろうか。「だろう」は、ムードの階層の主要部の位置を占める。トピックを表わす要素も、同じムード階層の指定部の位置を占める。しかし、「だろう」の占めるムード階層の主要部の位置は、(3)に見るように、すでに「なら」によって占められている。そのため、「だろう」が入る余地が「なら」節には、ないのである。この理由により、「なら」条件文には、モーダルが生じることが難しいのである。

(3)　動詞　ボイス　アスペクト　否定　テンス　ムード
　　　　　　　　　　　　　　　　　　　　　　　なら

　ここで、真性モーダルと疑似モーダルの区別に着目しよう（井上2009、仁田2013）。真性モーダルは、「だろう」に代表される要素で、次の特徴を持つ。

(4) a. 過去形を持たない。
　　b. １文中に１つしか生じない。

　一方、疑似モーダルは、「よう」「はず」「なのだ」などの要素で、次の特徴を持つ。

(5) a. 過去形を持つ。
　　b. １文中に複数生じることが可能である。

　この区別を念頭において、「なら」節をみよう。「なら」節には、次に見るように、疑似モーダルが生じることは可能であるが、真性モーダル

が生じることは不可能である。

（6）a. 雨が降るようなら、明日の試合は中止になるでしょう。（疑似）
　　　b. 雨が降るはずなら、そろそろ空に雲が立ちこめるでしょう。（疑似）
　　　c. ?雨が降るだろうなら、そろそろ帰りましょう。（真性）

　この違いは、真性モーダルと疑似モーダルの統語的な位置の違いに還元される。つまり、真性モーダルは、（7）に見るように、機能語として働き、ムードの階層に属する。しかし、ムードの階層の主要部は、「なら」によって既に占められている。その結果、真性モーダルが、同じムードの位置を占める余地はないのである。一方、疑似モーダルは、動詞という内容語である。そのため、低い動詞の階層に属する。その結果、疑似モーダルは、「なら」と競合することなく、「なら」節の中に疑似モーダルが生じることが可能となる。

（7）　動詞　　ボイス　アスペクト　否定　テンス　ムード
　　　疑似モーダル　　　　　　　　　　　　　　なら／真性モーダル

　最後に、未解決の問題を見よう。真性モーダルと疑似モーダルとの区別は、イタリア語にも見られる（Haegeman 2006）。例えば、モーダル表現である sembrare（seem）は、真性モーダルに対応する内容語である語彙範疇（lexical category）の用法と疑似モーダルに対応する機能範疇（functional category）の2つの用法を持つ。そして、この区別は、文の構造にも反映される。つまり、真性モーダルの sembrare は、単文の構造を持つのに対して、疑似モーダルの sembrare は複文の構造を持つ。この分析が日本語にも当てはまるかは、現在のところ未解決の問題である。これを見るためには、日本語の単文と複文を区別するテストを用いて検証すれば良いのであるが、その詳細は未解決の問題である。

（8） a. ［真性 sembrare（seem）　　　　　clitic　V　　　］（単文）
　　　 b. ［疑似 sembrare（seem）　［文境界　clitic　V　　］］（複文）

　別の未解決の問題として、次に見る「ば」条件節と「なら」条件節の違いがある。

（9）　雨が降れば傘をさす。

　「ば」条件節は、語源的には、「は」と結びついており、文のトピックとしての性質を持つ。トピックは、上で見たように、ムードの階層で認可されるので、「なら」節と同様に、「ば」節の内部にも真性のムード要素は生じない。

（10）　?雨が降るだろうば、…

　しかし、「なら」条件節と「ば」条件節は、定性（Finiteness）に関して、次の点で異なる。

A) （11a-b）に見るように、「～ば」節は、非定形の文に生じる。一方、「～なら」タイプは、定形の文に生じる。
B) （11c-d）に見るように、「なら」節は、テンスの後ろに「の」を持つことができないが、「ば」節は、テンスの後ろに「の」を伴うことが可能。
C) （11e-f）に見るように、「なら」節には、「は」が生じないが、「ば」節には「は」が生じることが可能(cf. Maki et. al.)

（11） a.　雨が降れ＋ば
　　　 b.　雨が降る／?れ＋なら
　　　 c. ?雨が降った＋の＋ば
　　　 d.　雨が降った＋の＋なら

e. ?もしそのような雑誌はあなたが好きでないなら、…
  f. もしそのような雑誌はあなたが好きでないならば、…

　この「は」がトピックの「は」か、または対比の「は」かは、トピック性のテスト等を適用して検証する必要がある。この点の詳細な研究は、現在のところまだなされておらず、未解決の問題である。
　また、条件文と副詞に関しても未解決の問題がある。例えば、副詞には、様々な高さの種類があるが（= speech-act adverbs, evaluative adverbs, evidential adverbs, epistemic adverbs）、どの副詞が条件文に生じるかは、現在までのところ詳細な研究はなされておらず、未解決の問題である。

(12) a. 正直に言えば雨が降れば／降るのなら、…（Speech-act）
　　 b. 不運なことに雨が降れば／降るのなら、…（Evaluative）
　　 c. 申し立てによれば雨が降れば／降るのなら、…（Evidential）
　　 d. 恐らく雨が降れば／降るのなら、…（Epistemic）

あとがき：カートグラフィーとは

　本書は、ひつじ書房からの要請を受けて執筆された。その要請とは、言語学の分野で最近注目を浴びているカートグラフィー研究に興味を持った読者が、自分で論文を書く手前までの道案内をするような書の執筆であった。この要請にどれだけ答えられたかは読者の方々の反応を聞くしかない。もし、少しでも本書によって、カートグラフィー研究の理解が深まったり、さらに興味を持たれた読者がいれば、そこで予測される問いの1つは、カートグラフィー研究が今後どのような方向性で進んで行くのか、という質問ではないだろうか。そこで、このあとがきでは、本書の手法であるカートグラフィー研究とチョムスキーのミニマリズムとの関係を述べながら、今後のカートグラフィー研究の発展の可能性と展望を、著者自身の私見も含めながら述べる。

　まず、カートグラフィー研究の特徴を、Rizzi (2012) の最近の発言をみながら考察しよう。文の構造は、DNAの配列のように、規則性を持って言語表現が結合されて成り立っている。その配列の全体像は、とても複雑に見えるが、その配列の規則性は非常に単純である。複雑に見えるのは、結合される内容となる言語要素が非常に豊かであるためである。その単純な文の規則性とその内容を表現するのがカートグラフィー研究である。一方、ミニマリズムの主たる関心事は、上で述べた意味での言語表現に見るいわばDNAの結合のメカニズムを探り、そもそもなぜそのような配列になっているのかを探求する点にある。つまり、メカニズム重視のミニマリズムとそのメカニズムで使われる要素の内容を重視するカートグラフィー研究は、相補い合う関係にある。一見したところ、ミニマリズムが興味を抱く文を作るメカニズムだけを研究すれば、カートグラフィー研究で興味を持たれている言語表現の配列の全体像を地図のように詳細に示す必要はないように思われることがあ

る (cf. Abels 2012)。なぜなら、そのメカニズムだけから、地図のような全体像も導き出されるかのように思われるからである。しかし、これは誤解である。DNA の配列の比喩を再び引用すると、生物学では、その配列を形成するメカニズムに興味を抱く研究者と、その配列自体がどのような全体像を持つかに興味を持つ研究者に分かれている。そして、両研究者は、お互いの研究成果を見ながら、研究を進めていくという相補的な作業がなされているのである。(DNA の配列自体は実在しており、どの場合にも必要である)。カートグラフィーとミニマリズムの関係はこれと同じで、お互いが連携して研究していくことが可能となっているのである。実際、そのような言葉のメカニズムとメカニズムで使われる要素が同時に議論されている実例をしては、Rizzi (2004) の優れた研究がある。

　本書は、主に、日本語を軸として、カートグラフィー研究の諸特徴を考察した。そこでは、文の仕組みが階層構造をなしているという考えが軸となっている。従来の国語学の研究では、文が階層構造をなすか、そうでないかが議論の対象となっている。一方、カートグラフィーでは、すべての言語が階層構造を持つと想定して研究を進める。例えば、主語 - 目的語 - 動詞といった語順の英語の構造も、主語 - 動詞 - 目的語といった日本語の語順も、動詞と目的語が強く結びつく述部／動詞句という単位をなし、その中で動詞が先に生じるか後に生じるかという違いを捨象すると、［主語［目的語（日本語）動詞＋目的語（英語）］］という同じ階層構造を持つ。このような共通性を踏まえて、英語や日本語等の言語に特有の要素を解明しながら、言葉の持つさまざまな組み合わせを地図のように詳細に記述するという類型論の巨視的視点が、カートグラフィー研究の強みである。また、日本語学に見られる語法研究の視点も、カートグラフィー研究に貢献が期待できる分野である。というのも、カートグラフィー研究では、ある表現を詳細に分析して、どのような機能語を設定するかを探るからである。例えば、Ragau (2012) に見るカタラン語の pla という語を驚きの意味を伴う mirative とする分析は示唆的であり、日本語にも応用できる。

　次に、カートグラフィー研究のさらなる強みを見よう。カートグラフィー

研究では、音／文字と意味／談話情報がなるべく現実的な方法で直接的に結びつく方策を探る。その際に仲介役となるのが、機能語の階層構造である。例えば、談話の情報に関しても、それが文構造に反映されている限りにおいて、階層構造を想定する。それにより、談話の特性と文の形を直結して読み取ることができるようにする。つまり、階層と構造というのは、談話を含めた意味を読み取る形状のようなものである。このカートグラフィー研究により解明されたことは、どのような言語でも、命題の部分が文の中心にあり、談話に関わる情報は、典型的には、右端や左端の文の外側で階層をなしているという点であり、その詳細な構造がカートグラフィー研究により解明されたのである(Rizzi 1997: 2004)。

　カートグラフィー研究では、広い意味での意味の諸特性を階層構造から読み取ろうとする。そのため、意味の内容に応じて、その階層構造の領域が異なる。例えば、ミニマリズムと同様に、文を主に3つの領域に分けて考える。1つ目の領域は、「誰が何をするか」という動作の抽象的な事象／事柄を表わすvP領域である。2つ目は、「いつ、どのように、なぜ、どのような感情を持って誰が何をするか」という具体的な事柄を表わすTPの命題の領域である。そして最後に、実際の文の発話が、どこに重みが付けられて話したり書かれたりするかという談話／語用に関わるCP領域である。カートグラフィー研究の強みは、記述を中心とするため、これら3領域の中に、どのような機能語が存在し、それらが各言語においてどれが使われていて、どれが使われていないかという普遍的な視点から言語間の差異を探る点に、その特徴がある。

　また、言語理論が、教育の分野にかなり直接的に結びつくと思われる今後の研究で期待される事例を見よう。最近のKayneの一連の研究では、英語の文においては、多くの表現が省略され、発音されてないと想定する。そこでは、正しい意味解釈の表示では、必要ではあるが発音されていない部分を明示的に示そうとする試みが行われている。このような視点は、日本人学習者にとって英語の明示的でない文が、どのようにパラフレーズされるのかを知る良い手がかりになる新たな研究分野である。そして、この研究の方向性

は、日本語にも当てはまる。つまり日本語の文で省略されていると思われる表現を明示的にパラフレーズで示すことにより、日本語の学習者の理解を助けることができる。今後は、そのような研究をも視野に入れながら、言葉のメカニズムを探るミニマリズムと、そこで使われる要素の内容を詳細に探るカートグラフィー研究が相補い合いながら、実りの多い分担作業をしながら共存していくことが望まれる。

　最後に、カートグラフィー研究の醍醐味を見よう。その1つは、個別文法を通して普遍文法の側面を解明をする新しい道を提示している点にある。これには、2つの特徴がある。1つ目の特徴は、つかみどころのない意味の側面を機能語を通して解明することで普遍文法の性質の解明に迫るというものである。本書の随所で示したように、カートグラフィー研究では、すべての言語に共通する文の根幹をなす機能語の階層構造は、生まれた時に既に脳に備わっていると想定する。日本語や英語といった個別言語の習得は、普遍的な機能語の配列の中から、当該言語で使われる機能語の階層を選び、残りを忘れ去るという作業である。カートグラフィー研究では、様々な言語を見て、それらの言語で使われる機能語の階層を、いわば繋ぎ合わせることで、人間が生まれた時に持っている文の骨組みとなる機能語の配列を再現しようとする。この繋ぎ合わせられた機能語の配列が、最終的には、つかみどころのない意味の世界を表示してくれる。これがカートグラフィー研究の醍醐味の1つである。

　カートグラフィー研究の醍醐味の2つ目は、世界中の文の根幹をなす機能語の配列を繋ぎ合わせて詳細な地図のような形で提示することにより、普遍文法の初期の状態に辿り着くという、いわば初期化の作業を個別の言語を深く見ながらできる点にある。たとえを用いるならば、子供が生まれた時に頭の中に持っている言語の状態は、出荷時のパソコンのようなものである。そのパソコンは、それぞれの使用者の必要性に応じて、カスタマイズされていく。このカスタマイズに相当するのが言語習得である。そして、このカスタマイズし終わった後の状態が、いわゆる英語や日本語といった個別文法に相当する。カスタマイズされたパソコンは、初期化の作業により出荷時の状態

に戻すことができる。言語の場合は、カートグラフィー研究が各言語の骨組みを詳細に描いてそれを繋ぎ合わせることによって、言語をいわば出荷時の状態に戻すことができる。これが、カートグラフィー研究が普遍文法の特質を解明するためにとる方策である。この地図が作成できれば、それを出発点として、どの機能語を選び取って、どの機能語を忘れ去るかを整理することにより、その成果が第2言語習得等でも、活用できることが期待される。

参考文献

Abels, Klaus. 2012. The Italian left periphery: A view from locality, *Linguistic Inquiry* 43–2: 229–254.
Aboh, Enoch. 2003. *Morpho-syntax of head-complement sequences*. Oxford: Oxford University Press.
Aboh, Enoch. 2006. Review article on Zygmunt Frajzyngier, *A Grammar of Lele*. *Lingua* 116: 487–505.
Abraham, Werner & Elisabeth Leiss. 2012. Introduction. In Abraham, Werner and Elisabeth Leiss (eds.) 2012. *Modality and theory mind elements across languages*. Berlin/Boston: Mouton de Gruyter.
Austin, John. 1962. *How to do things with words*. In J. O. Urmston (ed.), Cambridge, Mass.: Harvard University Press.
Baker, Mark. 1988. *Incorporation*. Illinois: University of Chicago Press.
Baker, Mark. 2001. *The atoms of language*. New York: Basic Books.
Bocci, Giuliano. 2009. On syntax and prosody in Italian. Doctoral dissertation, University of Siena.
Borkins, Anna. 1985. *Form and function* New Jersey: Ablex.
Cardinaletti, Anna, 2004. Toward a cartography of subject positions. In *The structure of CP and IP*. L. Rizzi (ed.), 115–165. Oxford: Oxford University Press.
Cheng, Lisa Lai Shen. 1991. On the *typology of wh-questions*, Doctoral dissertation, MIT.
Chomsky, Noam. 1995. *Minimalist program*. Cambridge, Mass.: MIT Press.
Chomsky, Noam. 2001. Derivation by phase. In *Ken Hale: A life in language*. M. Kenstowicz (ed), 1–52. Cambridge, Mass.: MIT Press.
Cinque, Guglielmo. 1999. *Adverbials and functional heads: A cross linguistic perspective*. Oxford: Oxford University Press.
Cinque, Guglielmo. 2012. *Typological studies: Word order and relative clauses*. New York: Routledge.
Coniglio, Marco and Iulia Zegrean. 2012. Splitting up Force: Evidence from discourse particles. In L. Aelbrecht, L.Haegeman and R. Nye (eds.) *Main clause phenomena: State of the art*. Amsterdam/Philadelphia: John Benjamins.
Coniglio, Marco. 2014. The fine structure of Force. To appear in Cardinaletti, Anna, Guglielmo Cinque and Yoshio Endo (eds.) *On peripheries*. Tokyo: Hituzi Syobo

Publishing.

Diesing, Molly. 1992. *Indefinites*. Cambridge, Mass.: MIT Press.

Endo, Yoshio. 2006. A Study of the cartography of the Japanese syntactic structures. Doctoral dissertation, University of Geneva.

Endo, Yoshio. 2007. *Locality and information structture: A cartographic approach to Japanese*. Amsterdam/Philadelphia: John Benjamins.

Endo, Yoshio. 2012a. Illocutionary force and discourse particle in the syntax of Japanese. In W. Abraham & E. Leiss (eds.) *Modality and theory of mind elements across languages*. Berlin/Boston: Mouton de Gruyter.

Endo, Yoshio. 2012b. The syntax-discourse interface in adverbial clauses." In L. Aelbrecht, L. Haegeman and R. Nye (eds.) *Main clause phenomena: State of the art*. Amsterdam/Philadelphia: John Benjamins.

Endo, Yoshio. 2013. Two ReasonPs: What are* (n't) you coming to the US for? To appear in Ur Shlonsky (ed.) *Beyond functional sequence*. Oxford: Oxford University Press.

Endo, Yoshio and Bartosz Wiland. 2014. The symmetric Syntax of Japanese complex verbs and Slavic prefixes. To appear in Cardinaletti, Anna, Guglielmo Cinque and Yoshio Endo (eds.) *On peripheries*. Tokyo: Hituzi Syobo Publishing.

Ernst, Thomas, 2002. *The Syntax of adjuncts*. Cambridge: Cambridge University Press.

Erteschik-Shir, Nomi. 2007. *Information structure*. Oxford: Oxford University Press.

Fujimaki, Kazuma. 2011.The position of nominative NPs in Japanese: Evidence for nominative NPs in-situ. *Journal of Japanese Linguistics* 27. 117–130.

Geis, Michael. 1970. Adverbial subordinate clauses in English. Doctoral dissertation, MIT.

Geis, Michael. 1975. English time and place adverbials. *Working papers in linguistics* 18: 1–11.

Geis, Michael. 1985. The syntax of conditional sentences. In *Studies in Generalised Phrase Structure Grammar*, Michael Geis (ed.), 130–159. Columbus OH: Department of Linguistics, Ohio State University.

Haegeman, Liliane. 2006. Argument fronting in English, Romance CLLD and the left periphery. In: Rafaella Zanuttini, Hector Campos, Elena Herburger and Paul Portner (eds.) *Negation, tense and clausal architecture: Cross-linguistic investigations*, 27–52. Georgetown: Georgetown University Press.

Haegeman, Liliane. 2011. The movement derivation of conditional clauses'. *Linguistic Inquiry* 41: 595–621.

Hale, K. and J. Keyser. 2002. *Prolegomenon to a theory of argument structure*. Cambridge, Mass.: MIT Press.

Halle, Morris and Alec Marantz. 1993. Distributed morphology and the pieces of inflection. In Kenneth Hale and S. Jay Keyser. (eds.) *The view from Building 20*, 111–176,

Cambridge, Mass.: MIT Press.
原田なをみ. 2008.「ガノ交替と焦点」日本言語学会第137回大会(金沢大学)予稿集.
Hiraiwa, Ken. 2001. On nominative-genitive conversion. In *MIT working papers 39: A few from Building E-*(3) 9, (eds.) Ora Matushansky and Elena Guerzoni, 66–124. Cambridge, Mass.: MITWPL.
Hoji, Hajime. 1985. Logical form constraints and configurational structures in Japanese. Doctoral dissertation, University of Washington.
井上和子. 2009.『生成文法と日本語研究「文文法」と「談話」の接点』東京:大修館書店.
Ishihara, Shinichiro. 2003. Intonation and interface condition. Doctoral dissertation, MIT.
影山太郎. 1993.『文法と語形成』. 東京:ひつじ書房.
神尾昭雄. 1990.『情報の縄張り理論—言語の機能的分析』東京:大修館書店.
Kamio, Akio. 1997. *Territory of information*. Amsterdam/Philadelphia: John Benjamins.
Kayne, Richard. 2012. Heads and phrases. Syntactic cartography-Where do we go from here? ジュネーブ大学. 口頭発表.
金水敏・田窪行則. 1992.「〈解説篇〉日本語指示詞研究史から／へ」『日本語研究資料集 指示詞』東京:ひつじ書房.
Kubo, Miori 1992. Japanese syntactic structures and their constructional meaning. Ph.D. diss., MIT.［Published from Hituzi Syobo Publishing in 1994］
久野暲. 1978.『談話の文法』東京:大修館書店.
Kuno, Susumu. 1980. The scope of the question and negation in some cerb-final languages." *Papers from the 16th Regional Meeting of the Chicago Linguistic Society* (ed.) by Jody Kreiman & Almerindo E. Ojeda, 155–169. Chicago: *CLS*.
Kurafuji, Takeo. 1996. Unambiguous checking. *MIT working papers in linguistics* 26: 81–96. Cambridge, Mass.: MITWPL.
Kuroda, Shige-Yuki. 1973. Where epistemology, style and grammar meet: A case study from Japanese. In P. Kiparsky & S. Anderson (eds.), *A festschrift for Morris Halle*. New York: Holt, Rinehart & Winston.
Larson, Richard. 1985. On the syntax of disjunction scope. *Natural Language and Linguistic Theory* 3: 217–264.
Larson, Richard. 1987. Missing prepositions and the analysis of English free relative clauses. *Linguistic Inquiry* 18: 239–266.
Larson, Richard K. and Miyuki Sawada 2012. Root transformations and quantificational structure. In L. Aelbrecht, L. Haegeman and R. Nye (eds.) *Main clause phenomena*, 47–78. Amsterdam/Philadelphia: John Benjamins.
Lee, Kisuk, and Satoshi Tomioka. 2001. LF blocking effects are topic effects. Paper read at *WCCFL* XX 口頭発表.

Lyons, John. 1977. *Semantics*. Cambridge: Cambridge University Press.
Maki, Hideki, Lizanne Kaiser, and Masao Ochi. 1999. Embedded topicalization in English and Japanese. *Lingua* 109, 1–14.
Matsumoto, Yo. 1996. *Complex predicates in Japanese*. CSLI Publications and Kurosio Publishers.
松岡みゆき．2003．「談話における終助詞「よ」の機能」『言葉と文化』4: 53–69、名古屋大学．
益岡隆志．1997．『複文』東京：くろしお出版．
益岡隆志．2013．「名詞修飾節と文の意味階層構造」遠藤喜雄（編）『世界に向けた日本語研究』東京：開拓社．
南不二男．1974．『日本語の構造』東京：大修館書店．
Miyagawa, Shigeru. 1987. Lexical categories in Japanese. *Lingua* 73: 29–51.
Miyagawa, Shigeru. 1989. *Structure and case marking in Japanese*. San Diego: Academic Press.
Miyagawa, Shigeru. 2001. The EPP, scrambling, and wh-in-situ. In *Ken Hale: A life in language*, Michael Kenstowicz (ed), 293–338. Cambridge, Mass.: MIT Press.
Miyagawa 2012. Agreements that occur mainly in the main clause. In Aelbrecht, Lobke, Liliane Haegeman and Rachel Nye (eds.), *Main clause phenomena*. Amsterdam/Philadelphia: John Benajmins.
Miyagawa, Shigeru and Taeko Tsujioka. 2004. Argument structure and ditransitive verbs in Japanese. *Journal of East Asian Linguistics* 13: 1–38.
三宅知宏．2012．『日本語研究のインターフェイス』東京：くろしお出版．
森山卓郎．1989．「文の意味とイントネーション」宮地裕（編）『日本語の文法』第1巻：172–196．東京：明治書院．
野田尚史．1985．『セルフ・マスターシリーズ1「は」と「が」』東京：くろしお出版．
野田尚史．1989．「文構成」宮地裕（編）『日本語の文法』第1巻：49–66．東京：明治書院．
野田尚史．1995．「文の階層構造からみた主題ととりたて」益岡隆志・野田尚史・沼田善子（編）『日本語の主題と取り立て』：1–35、東京：くろしお出版．
中川裕志・小野晋．1996．「日本語の終助詞の意味論「よ」「ね」「な」を中心として」『自然言語処理』vol.3. No.2: 2–18．
仁田義雄．1991．『日本語のモダリティと人称』東京：ひつじ書房．
仁田義雄．2013．「モダリティ的表現をめぐって」遠藤喜雄（編）『世界に向けた日本語研究』東京：開拓社．
Ohkado, Masayuki. 1991. On the status of adjectival nouns in Japanese. *Lingua* 83: 67–82.
Palmer, Frank Robert. 1979. *Modality and the English modals*. London: Longman.
Pesetsky, David. 1987. Wh-in-situ: movement and unselective binding. In *The representation of (in)definiteness*, Eric Reuland and Alice ter Meulen (eds), 98–129. Cambridge, Mass.: MIT Press.

Ragau, Gemma. 2012. On the nature of the V2 system of Medieveal Romance. Laura Bruge et; al eds. *Functional heads*. Vol. 7, pp. 103–111. Oxford: Oxford University Press.

Rizzi, Luigi. 1990. *Relativized minimality*. Cambridge, Mass.: MIT Press.

Rizzi, Luigi. 1997. The fine structure of the left periphery. In *Elements of grammar*, Liane Haegeman (ed), 281–338. Dordrecht: Kluwer.

Rizzi, Luigi. 2004. Locality and left periphery. In *Structures and beyond: cartography of syntactic structures* volume 3, Adriana Belletti (ed), 104–131. Oxford: Oxford University Press.

Rizzi, Luigi. 2006. On the form of chains: criterial positions and ECP effects. In *Wh-Movement: Moving on*, L. Cheng and N. Corver (eds.), 97–134, Cambridge, Mass.: MIT Press.

Rizzi, Luigi. 2009. The cartography of syntactic structures: Locality and freezing effects on movement. 日本言語学会第138回大会（神田外語大学）予稿集．(To appear in Cardinaletti, Anna, Guglielmo Cinque and Yoshio Endo (eds.) *On peripheries* (Tokyo: Hituzi Syobo Publishing 2014)所収)

Rizzi, Luigi. 2012. Cartography, criteria, and labeling. Cartography − Where do we *go* from here?（ジュネーブ大学）口頭発表．

Rizzi, Luigi, and Ur Shlonsky. 2006. Satisfying the subject criterion by a non-subject: English locative inversion and heavy NP shift. In *Phases of interpretation*, (ed.) Mara Frascarelli: 341–361. Berlin/Mouton: Mouton de Gruyter.

Roeper Thomas and Muffy Siegel. 1978. A lexical transformation for verbal compounds. *Linguistic Inquiry* 9: 199–260.

Saito, Mamoru. 1985. Some asymmetries in Japanese and their theoretical implications. Doctoral dissertation, MIT.

Saito, Mamoru. 2012. Cartography and selection: Case studies in Japanese. Syntactic Cartography-Where do we go from here? ジュネーブ大学．口頭発表．

Searle, John. 1975: A Taxonomy of illocutionary acts, in: *Expression and meaning*, Cambridge: Cambridge University Press.

Shlonsky, Ur and Gabriera Soare. 2011. Where is *why*? *Linquistic Inquiry* 42: 651–699.

Sugioka, Yoko. 1986. *Interaction of derivational morphology and syntax in Japanese and English*. New Yorks: Garland Publishing.

柴谷方良．1978.『日本語の分析―生成文法の方法』東京：大修館書店．

Starke, Michal. 2001. Move dissolves into Merge: A theory of locality. Doctoral dissertation, University of Geneva.

Takezawa, Koichi. 1987. A configurational approach to Case-marking in Japanese, Doctoral dissertation, University of Washington.

竹沢幸一．1991.「日本語のヴォイスと他動性」仁田義雄（編）『日本語のヴォイスと他

動性』pp.233–250、くろしお出版.
田窪行則. 1987.「統語構造と文脈情報」『日本語学』65、pp. 37–48.
Taraldsen, Knut Tarald. 2001. Subject extraction, the distribution of expletives and stylistic inversion. In Hulk, A. and Pollock, J.-Y. eds. *Subject inversion in Romance and the theory of universal grammar*, 6, 163–182. New York: Oxford University Press.
Tenny, Carol 2006. Evidentiality, experiencers, and syntax of sentience in Japanese. *Journal of East Asian Linguistics* 15: 245–288.
寺村秀夫. 1983.「時間的限定の意味と文法的機能」『副用語の研究』東京：明治書院（『寺村秀夫論文集Ⅰ』（東京：くろしお出版 1992 年）所収）
Tsujimura, Natsuko. 1996. *Japanese linguistics*. Cambridge, Mass.: Blackwell.
Uyeno, Tazuko. 1971. A study of Japanese modality - A performance analysis of Japanese particles. Doctoral dissertation, University of Michigan.
Yuasa, Etsuyo. 2005. Independence in subordinate clauses: Analysis of nonrestrictive relative clauses in English and Japanese. In Mufwene, Salikoko, Elaine Francis, and Rebecca S. Wheelereds. (eds.), *Polymorphous linguistics. JimMcCawley's legacy*, pp. 135–160. Cambridge, Mass: MIT Press.
Wiland, Bartosz. 2011. The functional sequence of verbal prefixes: A view from Polish, Russian and Bulgarian. *Paper presented at* The State of the Sequence 2, CASTL, University of Tromsø. 口頭発表
由本陽子. 2004.『複合動詞・派生動詞の意味と統語』東京：ひつじ書房．
吉村紀子. 2007.『「ガ」・「ノ」交替を方言研究に見る』長谷川信子（編著）『日本語の主文現象―統語構造とモダリティ』pp.189–223．東京：ひつじ書房．

索引

C
criterion 81

F
Foc 48, 62

I
Int 48, 62

T
Top 62

あ
アスペクト 83
アスペクトの階層 86
アスペクト成分 201
新しい意味効果(new semantic effect) 120
新しい情報(new information) 162

い
移動(movement/displacement) 30, 202
意味の世界 228
意味役割(semantic role) 28, 45
インターフェイス 55
イントネーション 44, 173, 181
引用 186

う
運用 9

え
AかB 176
枝 14

お
音の部門(sound component) 17, 42
「驚き」 153
音声化 183
音素(phoneme) 9
音調 180

か
格 84
格助詞 213, 215
「確認」 155
可算無限(countably infinite) 23
「が」副詞節 207
関係節 130, 191
感情述語 111
間接引用 189
間接受動態(indirect passive) 76
間接発話行為(indirect speech-act) 189
完全解釈の原理(Full Interpretation) 37

き
木(tree) 14
疑似モーダル 220
機能範疇 57, 58, 60, 221
逆行束縛構文 178
鏡像関係(mirror image) 88, 157
鏡像原理(mirror principle) 24, 158
強調(emphasis) 151
局所的な簡素化(local simplicitiy) 38
局所性(locality) 208
局所性の原理 202, 208, 214
局所的な力(local action) 210
局所的な領域 73
虚辞(expletive) 122
切り取り(=truncation) 210

く
空虚な量詞化(vacuous quantification)の原則 217
繰り返し(recursive) 23

け
敬語 137
経済性 51, 55
形式名詞 129

形態素(morpheme) 10, 128
形容動詞 69
言語器官(language faculty) 39
言語習得 57, 160, 191
顕在的(overt) 32
現象文 121
原則(principle) 21
原理的 158

こ
語彙阻止(lexical blocking) 107
語彙的使役文(lexical causative) 71
語彙範疇 221
構造(structure) 12
呼応 200
語順 52
語用論 146
根源的 148

さ
最小 14
最小対立(minimal pair) 72
最適(optimal) 42

し
恣意性 56
c 統御(c-command) 36
使役 69
辞書(lexicon) 58
自然言語(natural language) 30
指定部―主要部の一致 199
視点 80
「自分」規則 136
姉妹(sister) 15
尺度 160
写像仮説 212
終助詞 144
主格 57, 120
主観的な判断(subjective judgment) 74
熟語(idiom) 92
熟語の断片(idiom chunk) 123
主語 122
主語の階層 70, 78
主語の要件(subject criterion: EPP) 125
授受 80
述語 67
受動態 75
主要部(head) 22
主要部外在型の関係節 198
主要部内在型の関係節 198
条件文 219
証拠性(evidentiality) 156
証拠のムード句(Evidential Mood Phrase) 157
状態 133
上代日本語 217
情報のフォーカス 170
省略 135, 228
叙述(predication) 54
所有の含意 92
自立的(autonomous) 17
(真性)ムード 90
真性モーダル 220

す
随意性(optionality) 52
遂行動詞(performative verb) 147
スコープ(scope) 15, 31, 46, 115, 133
スコープや談話の特徴 (scope-discourse property) 32
「ずに」副詞節 203

せ
制限的関係節 195
生成(generate) 12
接語(clitic) 128
接頭辞 85
ゼロ代名詞(zero pronoun) 125
全員 177
線形順序 43
選択(selection) 210
前提 150

そ
創造的(creative) 23
相対最小性 165
相対テンス 119

た
第一姉妹の原則(First Sister Principle) 20, 102
第 3 の要因(third factor) 52
対称性(symmetry) 208
対人ムード 207
対比のフォーカス 180,

218
高い主語　122
高いムードの副詞表現　174
多義的(ambiguous)　16
脱フォーカス(de-focalization)　53
多様性　56
談話(discourse)　34
談話に卓立した言語(discourse prominent language)　110
談話連結　149

ち
知識　9
直接引用　189
直接受動態(direct passive)　75
直接発話行為(direct speech-act)　188

て
DNAの配列　225
定形(Finiteness)　140
丁寧　112
転移　161
テンス　118, 204
テンス句(Tense Phrase: TP)　25, 118
伝達(reportive style)　152

と
という　197
等位構造の制約(Coordinate Structure Constraint: CSC)

133
統一性原理(Uniformity Principle)　57, 203
同格の関係節　192
同格の補文　193
統語化(syntacticize)　28
統語的使役文(syntactic causative)　71
統語部門(syntax)　14
動詞句(Verb Phrase: VP)　22
動詞句内主語仮説(VP-internal subject hypothesis)　127
との　197
トピック　35, 59, 168
トピック性　130
トピックの島の条件　138
トピック表現　175
取り立て詞　199

な
内省　89
「ながら」副詞節　201
「なら」条件節　222

に
二重否定文　117
二重分節(double articulation)　10
「に」の階層　90
任意(optional)　120
認識　148
認識のムード句(Epistemic Modal Phrase)　148
人称制限　110
認知科学(cognitive science)

39

の
能動態　75
「ので」副詞節　206

は
背景のトピック　178
「ば」条件節　222
発話行為　141, 155, 187
発話行為のタイプ　188
発話行為のムード句(Speech-act Mood Phrase)　157
発話の力(illocutionary force)　192
話し手のムード　206
「ば」副詞節　204
パラメター(parameter)　26

ひ
低い主語　122
非顕在的(covert)　32
非現実　205
非状態　133
非制限的(な)関係節　192, 195, 196
非対格(unaccusative)　83
否定　113, 203
否定句(NegP)　114
否定島の条件　48
人　175
非能格(unergative)　117
評価(evaluation)　153
評価のムード句(Evaluative Modal Phrase)　154

ふ

フォーカス　35, 59, 211, 213, 215
複合語　102
副詞　114, 199, 223
副詞節　199, 211
部分否定　54, 172
普遍文法（Universal Grammar）　39
古い情報（old information）　162
文（Sentence: S）　22
文型　186
文のタイプ（clause type）　61, 141
文の定性（Finiteness）　62
文末表現　19

へ

併合（Merge）　14
平板な音調　181

ほ

ボイス　75
方言　132
補文　23, 172
補文句（Complementizer Phrase: CP）　62
補文標識（complementizer: COMP）　186

み

見知らぬ人　176

む

ムード（mood）　145
無限　11

め

名詞性　129
名詞的な形態素 Fin（nominal Fin）　128
命令文　139

も

モーダル（modal）　145

ゆ

遊離数量詞　76, 177

り

離散的（discrete）　8
理由　47
量　93, 109

る

類型論　50
類推　11

れ

凍結原理（freezing principle）　33
連鎖（chain）　31, 36, 169
連濁　13

わ

忘れることによる習得　191

【著者紹介】

遠藤 喜雄（えんどう よしお）

〈略歴〉1960年東京都生まれ。1983年明治学院大学卒業。1988年筑波大学大学院満期退学。2006年ジュネーブ大学大学院修了 Ph.D.(Linguistics)。島根大学法文学部講師、横浜国立大学教育人間科学部／環境情報研究院准教授を経て、神田外語大学大学院言語科学研究科教授。

〈主な著書・論文〉*Locality and information structure.* Amsterdam/Philadelphia: John Benjamins. 2007年、「話し手と聞き手のカートグラフィー」『言語研究』第136号（日本言語学会）2009年、Illocutionary force and modal particle in the syntax of Japanese. In W. Abraham and E. Leisse eds. *Modality and the theory of mind across languages*, pp. 405–424. Berlin/Boston: Mouton de Gruyter. 2012年、『世界に向けた日本語研究』開拓社（編著）2013年。

日本語カートグラフィー序説

Introduction to the cartography of Japanese syntactic structures
Yoshio Endo

発行	2014年3月28日　初版1刷
定価	3800円＋税
著者	© 遠藤喜雄
発行者	松本功
カバーイラスト	ヒライタカコ
組版所	株式会社 ディ・トランスポート
印刷・製本所	三美印刷株式会社
発行所	株式会社 ひつじ書房
	〒112-0011 東京都文京区千石2-1-2 大和ビル2階
	Tel.03-5319-4916　Fax.03-5319-4917
	郵便振替 00120-8-142852
	toiawase@hituzi.co.jp　http://www.hituzi.co.jp/

ISBN978-4-89476-651-8

造本には充分注意しておりますが、落丁・乱丁などがございましたら、小社かお買上げ書店にておとりかえいたします。ご意見、ご感想など、小社までお寄せ下されば幸いです。

ひつじ研究叢書(言語編) 第 110 巻
言語行為と調整理論

久保進 著
A5 判上製　496 頁　定価 8,200 円+税
ISBN978-4-89476-657-0

ひつじ研究叢書(言語編) 第 111 巻
現代日本語ムード・テンス・アスペクト論

工藤真由美 著
A5 判上製　704 頁　定価 7,200 円+税
ISBN978-4-89476-658-7

ひつじ研究叢書(言語編) 第 115 巻
日本語の名詞指向性の研究

新屋映子 著
A5 判上製　404 頁　定価 6,200 円+税
ISBN978-4-89476-676-1

ひつじ研究叢書(言語編) 第 116 巻
英語副詞配列論――様態性の尺度と副詞配列の相関

鈴木博雄 著
A5 判上製　336 頁　定価 8,000 円+税
ISBN978-4-89476-677-8

ひつじ研究叢書(言語編) 第 118 巻
名詞句とともに用いられる「こと」の談話機能

金英周 著
A5 判上製　168 頁　定価 4,800 円+税
ISBN978-4-89476-679-2